Ritual para Ocasiones Especiales

The Church Hymnal Corporation, New York

The Church Hymnal Corporation
800 Second Avenue, New York, NY 10017

ISBN 0-89869-218-0

Introducción

La Oficina Nacional de Ministerios Hispanos de la Iglesia Episcopal desea expresar su más sincero agradecimiento a S.E. Rvdma. Anselmo Carral y al Rvdo. Isaías Rodríguez, que sin remuneración alguna, dedicaron arduas y largas horas a editar el manuscrito en español del Ritual para Ocasiones Especiales. Sin su ayuda y dedicación, esta obra no hubiera sido posible. Finalmente, gracias al interés y respaldo de Frank Hemlin, vicepresidente de The Church Hymnal Corporation, es que hoy se hace posible esta publicación.

Cabe hacer notar que a partir de la Convención General de 1994 las futuras ediciones del Ritual para Ocasiones Especiales incluirán, si las hay, revisiones, cambios y adiciones aprobados por futuras Convenciones Generales.

Rvdo. Canónigo Herbert Arrunátegui, D.Min.
Oficina Nacional de Ministerios Hispanos
Día de Pentecostés, 1990

Indice

RITOS PASTORALES

RITOS EPISCOPALES

Prólogo

La Comisión Litúrgica Permanente ha preparado este libro, accediendo a la orden de la Convención General del año de 1976, de que se preparara una nueva edición del Ritual que reemplazara la edición de 1960. Se han impreso ya dos ediciones: la de 1940 y la de 1949. Parte del material incluído en esos libros demostró ser de tanto valor (por ejemplo, la fórmula para la adopción de niños) que se incluyó en el Libro de Oración Común. Se retuvieron y revisaron los ritos que demostraron ser necesarios. Además, se incluyeron en esta nueva edición otros ritos y textos, accediendo así a peticiones expresas.

Todo el material de este libro es opcional. Nada es obligatorio y ninguna congregación debe sentirse obligada a usarlo.

El clero y el laicado de la iglesia han enviado sugerencias muy valiosas, a las que se han prestado cuidadosa atención. Se examinaron las fórmulas de uso local que fueron sometidas a la comisión y muchos de sus elementos fueron incorporados al texto. Aquellos ritos que tienen raíces antiguas, se estudiaron en su contexto histórico. Ciertamente muchos de los textos y ceremonias que se incluyeron en este libro tienen una larga historia (por ejemplo, los ritos del catecumenado). Otros fueron diseñados para responder a exigencias que surgieron en años recientes (por ejemplo, los festivales con lecciones y música).

El nombre del libro se ha cambiado por el de *Ritual para Ocasiones Especiales*, a fin de dar expresión con más claridad a su contenido y evitar confusión con la sección del Libro de Oración Común intitulada el Oficio Diario.

Las diferentes porciones de este libro han sido redactadas por varios subcomités y luego se sometieron a los encargados de la publicación del Ritual. Una vez aprobadas por la comisión, muchas de las fórmulas se distribuyeron entre las comisiones litúrgicas diocesanas para recibir sus reacciones y comentarios. Este proceso produjo provechosas enmiendas. Un comité de la Comisión Permanente de Música de la Iglesia ha examinado también el material y ha hecho valiosas sugerencias.

Cabe hacer notar que las páginas del Libro de Oración Común a las cuales se hace referencia en este libro, son las que corresponden a la edición revisada (pasta azul) que se imprimió en 1989.

La comisión desea hacer constar su agradecimiento al Revdo. Dr. Marion J. Hatchett, presidente del comité que revisó el trabajo de los diferentes subcomités responsables de las secciones de este libro. La comisión desea también expresar su profunda gratitud a las personas que escribieron haciendo sugerencias y críticas, todas ellas muy valiosas. Los que trabajaron en este libro son muchos para poder mencionarlos. La conciencia de haber contribuído al enriquecimiento del culto de la Iglesia es su mejor recompensa. La comisión sólo puede establecer que sin ellos este libro no hubiera llegado a ser una realidad.

La Comisión Litúrgica Permanente
Fiesta de la Anunciación, 1979

El Año Eclesiástico

Antífonas para la liturgia de la luz

Las antífonas que siguen son para uso opcional en el orden de adoración para el anochecer tal como lo contempla la segunda rúbrica en la página 76 del Libro de Oración Común. Están dispuestas para una lectura responsorial entre un cantor o lector y la congregación. Todos repiten la antífona completa después del cantor, y la segunda parte después del verso que sigue. El rito concluye con la primera parte del Gloria Patri, seguido por la antífona completa.

El oficiante o un cantor canta o dice el versículo siguiente. Se puede escoger cualquier versículo para las antífonas de estos oficios.

Cuando se usan estas antífonas conviene omitir la lección corta que precede a la oración por la luz.

1

Tú, oh Señor, eres mi lámpara; *
mi Dios, tú haces resplandecer mi oscuridad.
Tú, oh Señor, eres mi lámpara;
mi Dios, tú haces resplandecer mi oscuridad.

Tú has sido mi ayuda:
Mi Dios, tú haces resplandecer mi oscuridad.
Gloria al Padre, y al Hijo y al Espíritu Santo.
Tú, oh Señor, eres mi lámpara;
mi Dios, tú haces resplandecer mi oscuridad.
V. Sea expuesta mi oración, oh Señor:
R. Como incienso en tu presencia.

2

El Señor es mi luz * y mi salvación.
El Señor es mi luz y mi salvación.
El Señor es la fortaleza de mi vida:
Y mi salvación.
Gloria al Padre, y al Hijo y al Espíritu Santo.
El Señor es mi luz y mi salvación.

V. Bendeciré al Señor en todo tiempo:
R. Su alabanza estará siempre en mi boca.

3

Contigo, oh Señor, está la fuente de vida, *
y en tu luz vemos la luz.
Contigo, oh Señor, está la fuente de vida,
y en tu luz vemos la luz.
Tu amor, oh Señor, llega a los cielos,
y tu fidelidad hasta las nubes:
Y en tu luz vemos la luz.

Gloria al Padre, y al Hijo y al Espíritu Santo.
Contigo, oh Señor, está la fuente de vida,
y en tu luz vemos la luz.

V. Mora con nosotros, oh Señor:
R. Porque anochece.

4

Desde el nacimiento del sol hasta el ocaso, *
sea alabado el nombre del Señor.
Desde el nacimiento del sol hasta el ocaso,
sea alabado el nombre del Señor.
A partir de ahora y para siempre:
Sea alabado el nombre del Señor.
Gloria al Padre, y al Hijo y al Espíritu Santo.
Desde el nacimiento del sol hasta el ocaso,
sea alabado el nombre del Señor.

V. El sol sabe el momento del ocaso:
R. Tú haces que la oscuridad se torne en noche.

Las antífonas que siguen pueden usarse en las ocasiones indicadas. Se puede usar, alternativamente, una de las antífonas antes mencionadas seguida del versículo apropiado.

Adviento

Ven y sálvanos, * oh Señor Dios de los Ejércitos.
Ven y sálvanos, oh Señor Dios de los Ejércitos.
Muestra la luz de tu faz, y seremos salvos:
Oh Señor Dios de los Ejércitos.
Gloria al Padre, y al Hijo y al Espíritu Santo.
Ven y sálvanos, oh Señor Dios de los Ejércitos.

V. Muéstranos tu misericordia, oh Señor:
R. Y concédenos tu salvación.

Navidad

La Palabra se hizo carne, * aleluya, aleluya.
La Palabra se hizo carne, aleluya, aleluya.
Y habitó entre nosotros:
Aleluya, aleluya.
Gloria al Padre, y al Hijo y al Espíritu Santo.
La Palabra se hizo carne, aleluya, aleluya.

V. Bendito el que viene en Nombre del Señor, aleluya:
R. Dios es el Señor; él ha resplandecido sobre nosotros, aleluya.

Epifanía *(hasta la noche del sábado siguiente)*

Todas las naciones serán benditas en él, * y le servirán.
Todas las naciones serán benditas en él, y le servirán.

Todos los reyes se postrarán ante él:
Y le servirán.
Gloria al Padre, y al Hijo y al Espíritu Santo.
Todas las naciones serán benditas en él, y le servirán.

V. Los reyes de Tarsis y de las islas pagarán tributo:
R. Los reyes de Arabia y de Sabá darán ofrendas.

Cuaresma

A ti dirijo mi oración, oh Dios; * sé misericordioso conmigo
A ti dirijo mi oración, oh Dios; sé misericordioso conmigo.
Sana mi alma, porque he pecado contra ti:
Sé misericordioso conmigo.
Gloria al Padre, y al Hijo y al Espíritu Santo.
A ti dirijo mi oración, oh Dios; sé misericordioso conmigo.

V. Crea en mí un corazón limpio, oh Dios:
R. Y renueva un espíritu recto dentro de mí.

Pascua *(hasta el día de la Ascensión)*

El Señor se levantó de la tumba, * aleluya, aleluya.
El Señor se levantó de la tumba, aleluya, aleluya.
Quien por nuestra causa colgó del madero:
Aleluya, aleluya.
Gloria al Padre, y al Hijo y al Espíritu Santo.
El Señor se levantó de la tumba, aleluya, aleluya.

V. Los discípulos se regocijaron, aleluya:
R. Cuando vieron al Señor resucitado, aleluya.

Ascensión *(hasta el Día de Pentecostés)*

Dios asciende entre aclamaciones, * aleluya, aleluya.
Dios asciende entre aclamaciones, aleluya, aleluya.
El Señor con sonido de trompetas:
Aleluya, aleluya.
Gloria al Padre, y al Hijo y al Espíritu Santo.
Dios asciende entre aclamaciones, aleluya, aleluya.

V. Cuando Cristo ascendió a las alturas, aleluya:
R. El llevó cautiva la cautividad, aleluya.

El Día de Pentecostés

El Espíritu del Señor llena ahora todo el mundo, *
aleluya, aleluya.
El Espíritu del Señor llena ahora todo el mundo,
aleluya, aleluya.
El Espíritu que escudriña hasta lo más recóndito de Dios:
Aleluya, aleluya.
Gloria al Padre, y al Hijo y al Espíritu Santo.
El Espíritu del Señor llena ahora todo el mundo,
aleluya, aleluya.

V. Los apóstoles hablaron en otras lenguas, aleluya:
R. Las obras maravillosas de Dios, aleluya.

Domingo de Trinidad

Gloria a ti, oh Señor, * en la alta bóveda del cielo.
Gloria a ti, oh Señor, en la alta bóveda del cielo.
Tú eres digno de gloria y alabanza para siempre:
En la alta bóveda del cielo.
Gloria al Padre, y al Hijo y al Espíritu Santo.
Gloria a ti, oh Señor, en la alta bóveda del cielo.

V. Glorifiquemos al Señor: Padre, Hijo y Espíritu Santo:
R. Alábenle y exáltenle para siempre.

Fiesta de la Encarnación

La Palabra se hizo carne, * y habitó entre nosotros.
La Palabra se hizo carne, y habitó entre nosotros.
El estuvo con Dios en el principio:
Y habitó entre nosotros.
Gloria al Padre, y al Hijo y al Espíritu Santo.
La Palabra se hizo carne, y habitó entre nosotros.

Cuando la Fiesta de la Encarnación cae en la Estación de Pascua, se usan la antífona y el versículo de la estación de Navidad.

Día de Todos los Santos y otros días de santos mayores

Regocíjense los justos * en la presencia de Dios.
Regocíjense los justos en la presencia de Dios.
Que se alegren y regocijen:

En la presencia de Dios.
Gloria al Padre, y al Hijo y al Espíritu Santo.
Regocíjense los justos en la presencia de Dios.

V. Su clamor ha resonado en todas las naciones:
R. Y su mensaje hasta los confines del mundo.

Días de santos mayores en la Estación de Pascua

Su clamor ha resonado en todas las naciones, *
aleluya, aleluya.
Su clamor ha resonado en todas las naciones,
aleluya, aleluya.
Y su mensaje hasta los confines del mundo:
Aleluya, aleluya.
Gloria al Padre, y al Hijo y al Espíritu Santo.
Su clamor ha resonado en todas las naciones, aleluya,
aleluya.

V. Regocíjense los justos, aleluya.
R. En la presencia de Dios, aleluya.

Transfiguración y día de la Santa Cruz

Cuando fuere levantado, * traeré a mí a todo el mundo.
Cuando fuere levantado, traeré a mí a todo el mundo.
Yo soy la luz del mundo:
Traeré a mí a todo el mundo.

Gloria al Padre, y al Hijo y al Espíritu Santo.
Cuando fuere levantado, traeré a mí a todo el mundo.

V. Todos los confines de la tierra verán:
R. La salvación de nuestro Dios.

Si se desea cantar un salmo completo en este momento del oficio en lugar de una de las antífonas anteriores, puede usarse uno de los salmos vespertinos que se sugieren en la página 110 del Libro de Oración Común.

Antífonas para la Fracción del Pan

Puede usarse una o más antífonas en la Fracción del Pan.

Las antífonas que siguen son de diferente extensión, y deben escogerse con base al tiempo requerido para partir el Pan (ya sea una hogaza completa o varias hostias grandes) y según lo indicado en la estación litúrgica.

Debe notarse que las rúbricas del Libro de Oración Común requieren que la fracción inicial del Pan se haga en silencio. Sigue luego un período preciso de silencio (una vez que el Celebrante ha puesto de nuevo el Pan sobre la patena). Se canta ahora la antífona para la Fracción del Pan durante la cual el Celebrante y otros sacerdotes parten el Pan para su distribución. Cuando no haya suficientes sacerdotes, los diáconos pueden ayudar en la Fracción del Pan. Cualquier cáliz adicional deberá llenarse también con Vino consagrado durante esta antífona, antes de la invitación "Los dones de Dios..." y la comunión del Celebrante. Mientras se continúa cantando la antífona puede distribuirse el Vino consagrado en otros cálices.

1

Cristo, nuestra Pascua, se ha sacrificado por nosotros.
¡Celebremos la fiesta!

2

El pan que partimos es un participar en el Cuerpo de Cristo.
Nosotros siendo muchos somos un solo pan, un solo cuerpo, porque todos compartimos de un mismo pan.

3

Oh Cordero de Dios que quitas los pecados del mundo,
ten piedad de nosotros.
Oh Cordero de Dios que quitas los pecados del mundo,
ten piedad de nosotros.
Oh Cordero de Dios que quitas los pecados del mundo,
danos tu paz.

4

Cordero de Dios, tú quitas los pecados del mundo:
ten piedad de nosotros.
Cordero de Dios, tú quitas los pecados del mundo:
ten piedad de nosotros.
Cordero de Dios, tú quitas los pecados del mundo:
danos paz.

5

Mi carne es verdadera comida, y mi sangre es verdadera bebida, dice el Señor.
Mi carne es verdadera comida, y mi sangre es verdadera bebida, dice el Señor.
Los que comen mi carne y beben mi sangre, permanecen en mí y yo en ellos.
Mi carne es verdadera comida, y mi sangre es verdadera bebida, dice el Señor.

6

El que come de este pan, vivirá para siempre.
El que come de este pan, vivirá para siempre.
Este es el verdadero pan que desciende del cielo y da vida al mundo.
El que come de este pan, vivirá para siempre.
El que cree en mí jamás tendrá hambre ni sed, porque el pan que yo doy por la vida del mundo es mi carne.
El que come de este pan, vivirá para siempre.

Las antífonas del 7 al 10 no se usan en la Estación de Cuaresma.

7

¡Aleluya! Cristo, nuestra Pascua, se ha sacrificado por nosotros;
Celebremos la fiesta. ¡Aleluya!

8

¡Aleluya!
¡Aleluya!
Cristo, nuestra Pascua, se ha sacrificado por nosotros;
celebremos la fiesta.
¡Aleluya!

9

Los discípulos conocieron al Señor Jesús
en la fracción del pan.
Los discípulos conocieron al Señor Jesús
en la fracción del pan.
El pan que partimos, aleluya,
es la comunión del cuerpo de Cristo.
Los discípulos conocieron al Señor Jesús
en la fracción del pan.
Un solo cuerpo somos, aleluya,
porque aunque somos muchos, un solo pan compartimos.
Los discípulos conocieron al Señor Jesús
en la fracción del pan.

10

Muéstrate a nosotros, Señor Jesús, en la fracción del pan.
Muéstrate a nosotros, Señor Jesús, en la fracción del pan.
El pan que partimos, aleluya,
es la comunión del cuerpo de Cristo.

Muéstrate a nosotros, Señor Jesús, en la fracción del pan.
Un solo cuerpo somos, aleluya,
porque aunque muchos, un solo pan compartimos.
Muéstrate a nosotros, Señor Jesús, en la fracción del pan.

Las siguientes antífonas pueden usarse por separado, o como estribillos con versículos seleccionados de los salmos. En la estación de Pascua, es apropiado añadir ¡Aleluya! a la antífona o estribillo.

11

Benditos los llamados a la Cena del Cordero.

12

El que a mí viene, nunca tendrá hambre; y el que en mí cree, no tendrá sed jamás.

13

Los que comen mi carne y beben mi sangre permanecen en mí y yo en ellos.

14

En mi Reino ustedes comerán y beberán en mi mesa, dice el Señor.

15

Cristo, nuestra Pascua, se ha sacrificado por nosotros; celebremos la fiesta.

Versículos sugeridos de los Salmos

Adviento	Salmo 85:8-11
Navidad - 1 Epifanía	Salmo 96:8-11 Salmo 110:1-4
Cuaresma	Salmo 106:4-5 Salmo 108:3-6
Pascua	Salmo 107:1-3, 8 Salmo 116:10-11, 16-17
General	Salmo 34:3 y 8 Salmo 43:3-4 Salmo 103:1-4 Salmo 105:1-4 Salmo 117

Bendiciones para las distintas Estaciones del Año Litúrgico

Las siguientes bendiciones pueden ser usadas por un obispo o un sacerdote siempre que una bendición sea apropiada.

Se proveen dos fórmulas de bendición para cada estación mayor (excepto Cuaresma). La primera es triple, con un amén al final de cada frase, que conduce a una bendición trinitaria. La segunda es de una sola frase que conduce directamente a la bendición.

La fórmula para cantar estas bendiciones se encuentra en el apéndice musical del Libro para el Altar.

Adviento

Que Dios todopoderoso, por cuya providencia nuestro Salvador Cristo vino a nosotros en gran humildad, les santifique con la luz de su bendición y les libre de todo pecado. *Amén.*

Que aquél cuya segunda venida en poder y gran gloria aguardamos, les haga firmes en la fe, gozosos en la esperanza, y constantes en el amor. *Amén.*

Que ustedes, los que se regocijan en el primer Adviento de nuestro Redentor, en el segundo sean recompensados con la vida eterna. *Amén.*

Y la bendición de Dios omnipotente, el Padre, el Hijo y el Espíritu Santo, sea con ustedes y more con ustedes eternamente. *Amén.*

o bien:

Que el Sol de Justicia resplandezca sobre ustedes y disipe las tinieblas en su caminar; y la bendición de Dios omnipotente, el Padre, el Hijo y el Espíritu Santo, sea con ustedes y more con ustedes eternamente. *Amén.*

Navidad

Que Dios todopoderoso, quien envió a su Hijo a tomar nuestra naturaleza, les bendiga en esta estación, disipe la oscuridad del pecado, y les ilumine el corazón con la luz de su santidad. *Amén.*

Que Dios, quien envió a sus ángeles a proclamar las alegres nuevas del nacimiento del Salvador, les llene de gozo, y les haga heraldos del Evangelio. *Amén.*

Que Dios, quien en el Verbo hecho carne unió el cielo con la tierra y la tierra con el cielo, les conceda su paz y favor. *Amén.*

Y la bendición de Dios omnipotente, el Padre, el Hijo y el Espíritu Santo, sea con ustedes y more con ustedes eternamente. *Amén.*

Que Cristo, quien por su Encarnación juntó las cosas terrenas y las celestiales, les colme con su gozo y paz; y la bendición de Dios omnipotente, el Padre, el Hijo y el Espíritu Santo, sea con ustedes y more con ustedes eternamente. *Amén.*

Epifanía

Para usarse desde la fiesta de la Epifanía hasta el siguiente domingo; y en el segundo domingo después de la Epifanía en el Año C.

Que Dios todopoderoso, quien guió a los Magos por el resplandor de una estrella a encontrar al Cristo, Luz de Luz, les guíe también en su peregrinación, a encontrar a Dios. *Amén.*

Que Dios, quien envió al Espíritu Santo a morar sobre el Unigénito en su bautismo en el Río Jordán, derrame ese Espíritu sobre ustedes que han venido a las aguas del nuevo nacimiento. *Amén.*

Que Dios, por el poder que cambió agua en vino en las bodas de Caná, transforme sus vidas y alegre sus corazones. *Amén.*

Y la bendición de Dios omnipotente, el Padre, el Hijo y el Espíritu Santo, sea con ustedes y more con ustedes eternamente. *Amén.*

o bien:

Que Cristo, el Hijo de Dios, se manifieste en ustedes, para que sus vidas sean una luz para el mundo; y la bendición de Dios omnipotente, el Padre, el Hijo y el Espíritu Santo, sea con ustedes y more con ustedes eternamente. *Amén.*

Cuaresma

En Cuaresma en lugar de una bendición para la estación, se usa una Oración solemne sobre el pueblo, como sigue:

El Diácono o, en ausencia de un diácono, el Celebrante dice:

Póstrense de hinojos delante del Señor.

El pueblo se arrodilla y el Celebrante dice una de las siguientes oraciones:

1

Concede a tu pueblo fiel, Señor muy misericordioso, perdón y paz, para que sea limpio de todos sus pecados y te sirva con mente sosegada; por Cristo nuestro Señor. *Amén.*

2

Concede, Dios todopoderoso, que tu pueblo reconozca su debilidad y ponga toda su confianza en tu fortaleza, de tal manera que pueda regocijarse para siempre en la protección de tu amante providencia; por Cristo nuestro Señor. *Amén.*

3

Guarda a esta tu familia, Señor, con tu misericordia imperecedera, para que confiando solamente en el auxilio de tu gracia celestial, sea sostenida por tu divina protección; por Cristo nuestro Señor. *Amén.*

4

Contempla misericordiosamente a esta tu famila, Dios omnipotente, para que por tu gran bondad sea gobernada y preservada por siempre; por Cristo nuestro Señor. *Amén.*

5

Considera en tu misericordia, Señor, a tu pueblo que se arrodilla ante ti; y concede que aquellos a quienes has nutrido con tu Palabra y Sacramentos produzcan frutos dignos de arrepentimiento; por Cristo nuestro Señor. *Amén.*

6

Mira con piedad, oh Señor, a este tu pueblo; para que, observando debidamente esta santa estación, aprenda a conocerte de una manera más plena y a servirte con una voluntad más perfecta; por Cristo nuestro Señor. *Amén.*

Mira con bondad, te suplicamos, Dios omnipotente, a esta tu familia, por la cual nuestro Señor Jesucristo aceptó ser traicionado y entregado a manos pecadoras, y sufrir muerte en la cruz; quien vive y reina por los siglos de los siglos. *Amén.*

Pascua

Que Dios todopoderoso, quien nos ha redimido y nos ha hecho hijos tuyos por la resurrección de su Hijo nuestro Señor, derrame sobre ustedes las riquezas de su bendición. *Amén.*

Que Dios, quien por medio del agua del bautismo les ha levantado del pecado a la vida nueva, les haga santos y dignos de ser unidos a Cristo para siempre. *Amén.*

Que Dios, quien les ha sacado de la esclavitud del pecado a la verdadera y perdurable libertad en el Redentor, les lleve a su herencia eterna. *Amén.*

Y la bendición de Dios omnipotente, el Padre, el Hijo y el Espíritu Santo, sea con ustedes y more con ustedes eternamente. *Amén.*

o bien:

El Dios de paz, quien resucitó de entre los muertos a nuestro Señor Jesucristo, el Gran Pastor de las ovejas, por la sangre del eterno pacto: les haga perfectos en toda buena obra para hacer su voluntad, efectuando en ustedes lo que es agradable en su presencia; y la bendición de Dios omnipotente, el Padre, el Hijo y el Espíritu Santo, sea con ustedes y more con ustedes eternamente. *Amén.*

Día de Pentecostés

Que Dios todopoderoso, quien iluminó las mentes de los discípulos derramando sobre ellos el Espíritu Santo, les enriquezca con su bendición, para que abunden cada vez más en ese mismo Espíritu. *Amén.*

Que Dios, quien envió al Espíritu Santo como llama de fuego y se asentó sobre la cabeza de los discípulos, consuma todo el mal de sus corazones, y les haga resplandecer con la luz pura de su presencia. *Amén.*

Que Dios, quien por el Espíritu Santo inspiró a gentes de muchas lenguas a proclamar a Jesús como Señor, fortalezca su fe y les envíe a dar testimonio de él en palabra y obra. *Amén.*

Y la bendición de Dios omnipotente, el Padre, el Hijo y el Espíritu Santo, sea con ustedes y more con ustedes eternamente. *Amén.*

o bien:

Que el Espíritu de verdad les conduzca a toda verdad,

confiriéndoles gracia para confesar que Jesucristo es el Señor, y proclamar las obras portentosas de Dios; y la bendición de Dios omnipotente, el Padre, el Hijo y el Espíritu Santo, sea con ustedes y more con ustedes eternamente. *Amén.*

Primer domingo después de Pentecostés:
Domingo de Trinidad

El Señor les bendiga y les guarde. *Amén.*

El Señor haga resplandecer su rostro sobre ustedes y les sea propicio. *Amén.*

El Señor alce su rostro sobre ustedes y les conceda paz. *Amén.*

El Señor Dios omnipotente, Padre, Hijo y Espíritu Santo, la santa e indivisa Trinidad, les proteja, les salve, y les conduzca a esa Ciudad Celestial, donde vive y reina por los siglos de los siglos. *Amén.*

o ésta:

Que Dios, la Santísima Trinidad les haga fuertes en la fe y el amor, les defienda en todo lugar, y les guíe en la verdad y la paz; y la bendición de Dios omnipotente, el Padre, el Hijo y el Espíritu Santo, sea con ustedes y more con ustedes eternamente. *Amén.*

Todos los Santos

Que Dios todopoderoso, a cuya gloria celebramos esta fiesta de Todos los Santos, sea ahora y por siempre su guía y compañero en el camino. *Amén.*

Que Dios, que nos ha unido en la compañía de los elegidos, en este siglo y en el venidero, escuche las oraciones que en favor de ustedes hacen los siervos celestiales, así como escucha las de ustedes por ellos. *Amén.*

Que Dios, que nos ha dado en la vida de sus santos, modelos de existencia santa y muerte victoriosa, les fortalezca en fe y devoción, y les capacite para dar testimonio de la verdad en contra de todo lo adverso. *Amén.*

Y la bendición de Dios omnipotente, el Padre, el Hijo y el Espíritu Santo, sea con ustedes y more con ustedes eternamente. *Amén.*

La bendición precedente se puede adaptar para usarse en una fiesta patronal.

o bien:

Que Dios les de gracia para seguir a sus santos en fe, esperanza y amor, y la bendición de Dios omnipotente, el Padre, el Hijo y el Espíritu Santo, sea con ustedes y more con ustedes eternamente. *Amén.*

Lo concerniente a la Corona de Adviento

La Corona de Adviento es un símbolo visual que marca el progreso de la Estación de Adviento. Cuando se usa en la iglesia, no es deseable que haya oraciones especiales o mayor elaboración ceremonial que la que se describe en la página 110 del Libro de Oración Común. En los ritos matutinos se enciende el número apropiado de velas antes que el rito comience.

Cuando se usa en los hogares, la Corona de Adviento provee un foco conveniente de atención para las devociones a la hora del alimento vespertino. Se recomienda la forma breve del Orden de Adoración para el Anochecer en las páginas 73 a 79 del Libro de Oración Común.

En lugar de la lección breve de las escrituras que se provee en el orden, se puede usar una de las lecturas, o parte de ella, del leccionario del Oficio Diario. Alternativamente, puede seguirse algún otro plan de lecturas bíblicas.

El Phos hilaron siempre es apropiado, pero se le puede sustituir por un himno de adviento.

Festival de Adviento con lecciones y música

La siguiente invitación y lecturas pueden usarse en un festival que se tenga en Adviento.

Si el festival tiene lugar al anochecer, puede comenzar con la Liturgia de la Luz (Libro de Oración Común, página 73). Mientras se encienden las velas se puede cantar algunas de las antífonas indicadas en la Liturgia de la Luz (página 10) o el Salmo 85:7-13. Después del Phos hilaron o el himno que se cante en su lugar, el rito continúa con la oración invitatoria.

Oración invitatoria *Tradicional*

Amados en Cristo, en esta estación de Adviento, que sea nuestro cuidado y deleite el prepararnos para escuchar otra vez el mensaje de los ángeles, y en corazón y mente ir hasta Belén, para ver al niño Jesús acostado en el pesebre.

Leamos y marquemos en las Sagradas Escrituras el relato de los propósitos amorosos de Dios desde los primeros días de nuestra desobediencia hasta la gloriosa redención que nos trajo este santo Niño; y esperemos el recuerdo anual de su nacimiento con himnos y cantos de alabanza.

En primer lugar, oremos por las necesidades de todo el mundo, por la paz y la justicia en la tierra, por la unidad y la misión de la Iglesia por la cual murió, y especialmente por su Iglesia en nuestro país y en esta ciudad.

Y porque nada como esto alegra su corazón, recordemos ahora en su nombre a los pobres y a los desamparados; a los hambrientos y a los oprimidos; a los enfermos y a los que lloran; a los solitarios y a los que no son amados; a los ancianos y a los niños; y a todos aquellos que no conocen al Señor Jesús, o que no le aman, o que, debido al pecado, han agraviado su amoroso corazón.

Por último, recordemos delante de Dios a su madre, pura y humilde, y a todos aquellos que se regocijan con nosotros, aunque en otro lugar y en luz más sublime, esa multitud que nadie puede contar, cuya esperanza estuvo en el Verbo hecho carne, y con quien, en el mismo Señor Jesús somos uno por toda la eternidad.

Humildemente ofrezcamos estas plegarias y alabanzas al trono celestial, en las palabras que Cristo mismo nos ha enseñado:

Padre nuestro. . .

Dios omnipotente nos bendiga con su gracia; Cristo nos conceda los gozos de la vida eterna; y el rey de los ángeles nos conduzca a todos a la comunión de los ciudadanos del cielo. *Amén.*

Oración invitatoria *Contemporánea*

Amado pueblo de Dios: En la estación de Adviento, es nuestra responsabilidad y alegría el prepararnos para escuchar, una vez más, el mensaje de los ángeles, ir a Belén y ver al Hijo de Dios acostado en el pesebre.

Escuchemos y prestemos atención a las Sagradas Escrituras, a la historia de los propósitos amorosos de Dios desde el tiempo de nuestra rebelión hasta la gloriosa redención que nos trajo su santo Niño Jesús, y esperemos el recuerdo anual de su nacimiento con himnos y cantos de alabanza.

En primer lugar, oremos por las necesidades de todo el mundo, por la paz y la justicia en la tierra, por la unidad y la misión de la Iglesia por la cual murió, y especialmente por su Iglesia en nuestro país y en esta ciudad.

Y debido a que él les ama particularmente, recordemos en su nombre a los pobres y a los desvalidos, a los que tienen frío, a los hambrientos y a los oprimidos, a los enfermos y a los que lloran, a los solitarios y a los que nadie ama, a los ancianos y a los niños, así también a todos aquellos que no conocen y aman al Señor Jesucristo.

Finalmente, recordemos delante de Dios a su madre, pura y humilde, y a toda esa multitud que nadie puede contar, cuya esperanza estuvo en el Verbo hecho carne, y con quien, en Jesús, somos uno por toda la eternidad.

Y ahora, resumiendo todas estas peticiones, oremos en las palabras que Cristo mismo nos ha enseñado, diciendo:

Padre nuestro. . .

Dios todopoderoso nos bendiga con su gracia; Cristo nos conceda los gozos de la vida eterna; y el rey de los ángeles nos conduzca a todos a la comunión de los ciudadanos del cielo. *Amén.*

Lecciones

Es costumbre seleccionar nueve lecciones (pero se pueden usar menos), intercaladas con himnos de Adviento, antífonas, y cánticos apropiados. Cuando sea posible, cada lección la lee un lector diferente. Nunca se omite la lección del tercer capítulo del Génesis.

Las lecciones pueden leerse sin anuncio ni conclusión, o en la manera prescrita en el Oficio Diario. A cada lección puede seguir un período de silencio.

Génesis 2:4b-9, 15-25 (Dios crea al hombre y a la mujer para que le obedezcan)
Génesis 3:1-23, *o* **3:1-15** (Adán y Eva se rebelan contra Dios y son expulsados del Huerto del Edén)
Isaías 40:1-11 (Dios consuela a su pueblo y lo llama a prepararse para la redención)
Jeremías 31:31-34 (Se promete un nuevo pacto que será grabado en nuestros corazones)

Isaías 64:1-9a (Dios es llamado para que actúe y more entre nosotros)
Isaías 6:1-11 (Dios revela su gloria al profeta y lo llama para que sea su mensajero)
Isaías 35:1-10 (El profeta proclama que Dios vendrá y nos salvará)
Baruc 4:36-5:9 (El escriba Baruc alienta al pueblo a mirar al oriente por que la salvación está cercana)
Isaías 7:10-15 (Dios promete que un niño será concebido cuyo nombre será "Dios con nosotros")
Miqueas 5:2-4 (El que va a gobernar a Israel nacerá en Belén)
Isaías 11:1-9 (El Espíritu del Señor reposará sobre el Santo)
Sofonías 3:14-18 (El Señor estará entre nosotros; se nos invita a regocijarnos y cantar)
Isaías 65:17-25 (Dios promete un nuevo cielo y una nueva tierra)

Si se desea que las lecciones terminen con una lectura del Evangelio, puede usarse una de las siguientes:

San Lucas 1:5-25 (Un ángel anuncia a Zacarías que su esposa Isabel dará a luz un hijo)
San Lucas 1:26-38, *o* **1:26-56** (El ángel Gabriel anuncia a la virgen María que dará a luz al Hijo del Altísimo)

El rito puede concluir con una colecta apropiada y la bendición de Adviento.

No es costumbre predicar un sermón en este rito.

Vigilia para la Nochebuena

Si se desea introducir la Eucaristía Navideña de media noche con una vigilia, puede usarse la siguiente forma.

El rito comienza con la Liturgia de la Luz, página 73 del Libro de Oración Común, usando la colecta del Primer Domingo después del Día de Navidad como la Oración por la Luz. Mientras se encienden las velas, puede cantarse alguna de las antífonas indicadas de la Liturgia de la Luz o el Salmo 113. El Magnificat o un himno adecuado puede sustituir al Phos hilaron.

Después del himno, se lee una serie de pasajes bíblicos (ver páginas 38-39 para sugerencias) intercaladas con antífonas, cánticos, himnos, villancicos, o música instrumental. Un período de reflexión puede seguir a cada lectura.

Después de la última lectura, puede haber una procesión al pesebre, donde se dice una oración adecuada (ver la página siguiente).

La procesión continúa luego al presbiterio, y la Eucaristía comienza de la manera acostumbrada.

Estación en el pesebre Navideño

A su entrada a la iglesia para la celebración de la Santa Eucaristía, el Celebrante (y otros ministros) pueden hacer una estación en el pesebre Navideño. Puede llevarse en la procesión una imagen del Niño Jesús y ser colocada en el pesebre. Si se desea, también puede traerse otras imágenes.

Puede decirse un versículo, y una de las oraciones que siguen.

V. El Verbo se hizo carne y habitó entre nosotros:
R. Y vimos su gloria.

o bien:

V. La gloria del Señor se ha revelado:
R. Y toda carne verá la salvación de nuestro Dios.

Oremos.

Omnipotente y eterno Dios, tú nos has dado una nueva revelación de tu amorosa providencia en la venida de tu Hijo Jesucristo para nacer de la Virgen María: Concede que así como él compartió nuestra mortalidad, también nosotros compartamos su eternidad en la gloria de tu reino; donde vive y reina por los siglos de los siglos. *Amén.*

o la siguiente:

Oh Dios Creador nuestro, para restituir la humanidad caída tú hablaste la palabara eficiente, y el Verbo Eterno se hizo carne en el seno de la bendita Virgen María: Concede misericordiosamente que así como él se humilló para vestirse con nuestra humanidad, así también nosotros seamos considerados dignos, en él, de vestirnos con su divinidad; quien vive y reina por los siglos de los siglos. *Amén.*

o bien:

Dios misericordioso y amante, tú has hecho santo este día por la encarnación de tu Hijo Jesucristo, y por el alumbramiento de la bendita virgen María: Concede que los fieles de tu pueblo entren con gozo a la celebración de este día, y también se regocijen eternamente como tus hijos e hijas adoptivos; por Jesucristo nuestro Señor. *Amén.*

Cualesquiera de las colectas para la Estación de Navidad puede usarse en lugar de las anteriores.

Festival de Navidad con lecciones y música

La siguiente invitación y lecturas pueden usarse en un festival durante los doce días de Navidad.

Si el festival tiene lugar al anochecer, puede comenzar con la Liturgia de la Luz (Libro de Oración Común, página 73). Mientras se encienden las velas se puede cantar algunas de las antífonas indicadas en la Liturgia de la Luz (página 10) o el Salmo 113. Después del Phos hilaron o el himno que se cante en su lugar, el rito continúa con la oración invitatoria.

Oración invitatoria *Tradicional*

Amados en Cristo, en esta estación de Navidad, que sea nuestro cuidado y deleite escuchar otra vez el mensaje de los ángeles, y en corazón y mente ir hasta Belén, y ver lo que ha sucedido, y al Niño Jesús acostado en el pesebre.

Leamos y marquemos en las Sagradas Escrituras el relato de los propósitos amorosos de Dios desde los primeros días de nuestra desobediencia hasta la gloriosa redención que nos trajo este santo Niño; y alegremos este lugar con villancicos de alabanza.

Primero, oremos por las necesidades de todo el mundo; por la paz y la buena voluntad en todo el orbe; por la misión y unidad de la Iglesia por la cual murió, y especialmente por este país y por esta ciudad.

Y porque nada como esto alegrará su corazón, recordemos ahora en su nombre a los pobres y a los desamparados; a los hambrientos y a los oprimidos; a los enfermos y a los que lloran; a los solitarios y a los que no son amados; a los ancianos y a los niños; y a todos aquellos que no conocen al Señor Jesús, o que no le aman, o que, debido al pecado, han agraviado su amoroso corazón.

Por último, recordemos delante de Dios a su madre, pura y humilde, y a todos aquellos que se regocijan con nosotros, aunque en otro lugar y en luz más sublime, esa multitud que nadie puede contar, cuya esperanza estuvo en el Verbo hecho carne, y con quien, en el mismo Señor Jesús somos uno por toda la eternidad.

Humildemente ofrezcamos estas plegarias y alabanzas al trono celestial, en las palabras que Cristo mismo nos ha enseñado:

Padre nuestro. . .

Dios omnipotente nos bendiga con su gracia; Cristo nos conceda los gozos de la vida eterna; y el rey de los ángeles nos conduzca a todos a la comunión de los ciudadanos del cielo. *Amén.*

Oración invitatoria *Contemporánea*

Amado pueblo de Dios: En esta estación de Navidad sea nuestro deber y alegría escuchar, una vez más, el mensaje de los ángeles, ir a Belén y ver al Hijo de Dios acostado en el pesebre.

Escuchemos y prestemos atención a las Sagradas Escrituras, a la historia de los propósitos amorosos de Dios desde el tiempo de nuestra rebelión hasta la gloriosa redención que nos trajo su santo Niño Jesús, y alegremos este lugar con villancicos de alabanza.

En primer lugar, oremos por las necesidades de todo el mundo, por la paz y la justicia en la tierra, por la unidad y la misión de la Iglesia por la cual murió, y especialmente por su Iglesia en nuestro país y en esta ciudad.

Y debido a que él les ama particularmente, recordemos en su nombre a los pobres y a los desvalidos, a los que tienen frío, a los hambrientos y a los oprimidos, a los enfermos y a los que lloran, a los solitarios y a los que nadie ama, a los ancianos y a los niños, así también a todos aquellos que no conocen y aman al Señor Jesucristo.

Finalmente, recordemos delante de Dios a su madre, pura y humilde, y a toda esa multitud que nadie puede contar, cuya esperanza estuvo en el Verbo hecho carne, y con quien, en Jesús, somos uno por toda la eternidad.

Y ahora, resumiendo todas estas peticiones, oremos en las palabras que Cristo mismo nos ha enseñado, diciendo:

Padre nuestro. . .

Dios todopoderoso nos bendiga con su gracia; Cristo nos conceda los gozos de la vida eterna; y el rey de los ángeles nos conduzca a todos a la comunión de los ciudadanos del cielo. *Amén.*

Lecciones

Es costumbre seleccionar nueve lecciones (pero se pueden usar menos), intercaladas con villancicos, himnos, cánticos, y antífonas apropiadas. Cuando sea posible, cada lección la lee un lector diferente. Nunca se omite la lección del tercer capítulo del Génesis.

Las lecciones pueden leerse sin anuncio ni conclusión, o en la manera prescrita en el Oficio Diario.

Génesis 2:4b-9, 15-25 (Dios crea al hombre y a la mujer para que le obedezcan)
Génesis 3:1-23, *o* **3:1-15** (Adán y Eva se rebelan contra Dios y son expulsados del Huerto del Edén)
Isaías 40:1-11 (Dios consuela a su pueblo y lo llama a prepararse para la redención)
Isaías 35:1-10 (El profeta proclama que Dios vendrá y nos salvará)
Isaías 7:10-15 (Dios promete que un niño será concebido cuyo nombre será "Dios con nosotros")

San Lucas 1:5-25 (Un ángel anuncia a Zacarías que su esposa Isabel dará a luz un hijo)

San Lucas 1:26-58 (El ángel Gabriel anuncia a la virgen María que dará a luz al Hijo del Altísimo)

San Lucas 1:39-46, o 1:39-56 (La virgen María es saludada por Isabel y proclama su gozo)

San Lucas 1:57-80 (Juan el Bautista nace y su padre se regocija porque su hijo preparará el camino del Señor)

San Lucas 2:1-20 (Jesús nace en Belén y es adorado por ángeles y pastores)

San Lucas 2:21-36 (Jesús recibe su nombre y es presentado a Simeón en el Templo)

Hebreos 1:1-12 (En la plenitud de los tiempos, Dios envió a su Hijo cuyo reino es por los siglos de los siglos)

San Juan 1:1-18 (El Verbo se hizo carne y vimos su gloria)

El rito puede concluir con una colecta apropiada y la bendición para Navidad.

No se acostumbra predicar un sermón en este rito.

Rito para la víspera de año nuevo

Durante la noche del 31 de diciembre, que es la víspera de la fiesta del Santo Nombre y también víspera del año civil, puede usarse el siguiente rito.

El rito comienza con la Liturgia de la Luz, página 73 del Libro de Oración Común, usando la colecta para el primer domingo después del Día de Navidad como la Oración por la Luz.

Después del Phos hilaron, se lee una o más de las siguientes lecciones; cada una seguida por un salmo, cántico, o himno, y una oración. La última lectura es siempre del Nuevo Testamento.

El año hebreo

Exodo 23:9-16, 20-21
Salmo 111, *o* Salmo 119:1-8

Oremos. *(Silencio)*

Oh Dios Creador nuestro, tú has dividido nuestra vida en días y estaciones, y nos llamaste a reconocer tu providencia año tras año: Acepta a tu pueblo que viene a ofrecerte alabanzas, y, en tu misericordia, recibe sus plegarias; por Jesucristo nuestro Señor. *Amén.*

La tierra prometida

Deuteronomio 11:8-12, 26-28
Salmo 36:5-10, *o* Salmo 89, primera parte

Oremos. *(Silencio)*

Dios omnipotente, manantial de toda vida, dador de toda bendición y salvador de todos los que se vuelven a ti: Ten misericordia de esta nación; líbranos de perfidia, malicia, y desobediencia; vuelve nuestros pasos a tus senderos; y concede que te sirvamos en paz; por Jesucristo nuestro Señor. *Amén.*

Tiempo para todas las cosas

Eclesiastés 3:1-15
Salmo 90

Oremos. *(Silencio)*

En tu sabiduría, oh Señor Jesucristo, hiciste todas las cosas, y nos has asignado a cada uno los días de nuestra vida: Concede que vivamos en tu presencia, seamos guiados por tu Santo Espíritu, y ofrezcamos todas nuestras obras a tu honra y gloria; por Jesucristo nuestro Señor. *Amén.*

Recuerda a tu Creador

Eclesiastés 12:1-8
Salmo 130

Oremos. *(Silencio)*

Señor Dios inmortal, tú habitas la eternidad, y nos has traído a tus indignos siervos al final de otro año: Perdona, te rogamos, nuestras transgresiones del pasado, y mora benignamente con nosotros todos los días de nuestra vida; por Jesucristo nuestro Señor. *Amén.*

Marcando los tiempos, y el invierno

Eclesiástico 43:1-22
Salmo 19, *o* Salmo 148, *o* Salmo 74:11-22

Oremos. *(Silencio)*

Padre todopoderoso, tú has dado al sol como luz para el día, y la luna y las estrellas para la noche: Recíbenos bondadosamente, esta noche y siempre, en tu favor y protección, defiéndenos de todo daño y gobiérnanos con tu Espíritu Santo, para que toda sombra de ignorancia, toda falla de fe o debilidad de corazón, todo deseo maligno o erróneo sea removido de nosotros; para que, siendo justificados en nuestro Señor Jesucristo, seamos santificados por tu Espíritu, y glorificados por tus infinitas misericordias en el día de la aparición de nuestro Señor y Salvador Jesucristo. *Amén.*

El tiempo aceptable

2 Corintios 5:17-6:2
Salmo 63:1-8, *o* Cántico 10

Oremos. *(Silencio)*

Benignísimo y misericordioso Dios, tú nos has reconciliado contigo por medio de Jesucristo tu Hijo, y nos has llamado a nueva vida en él: Concede que nosotros, que comenzamos este año en su Nombre, lo completemos para su honra y gloria; quien vive y reina ahora y por siempre. *Amén.*

Mientras dura ese "Hoy"

Hebreos 3:1-15 (16-4:13)
Salmo 95

Oremos. *(Silencio)*

Oh Dios, por tu Hijo nos has enseñado a estar vigilantes, y a esperar el día imprevisto del juicio: Fortalécenos contra Satanás y sus huestes de maldad, los poderes perversos de este mundo, y nuestros deseos pecaminosos; y concede que, habiéndote servido todos los días de nuestra vida, lleguemos finalmente a la mansión que tu Hijo nos ha preparado; quien vive y reina por los siglos de los siglos. *Amén.*

Cielo y tierra nueva

Apocalipsis 21:1-14, 22-24
Cántico 12

Oremos. *(Silencio)*

Dios omnipotente y misericordioso, por tu muy amado Hijo Jesucristo, el Rey de reyes y Señor de señores, has querido hacer nuevas todas las cosas: Concede que seamos renovados por tu Espíritu Santo, y lleguemos finalmente a esa patria celestial donde tu pueblo no tendrá hambre ni sed, y donde toda lágrima será enjugada; por Jesucristo nuestro Señor, *Amén.*

Una homilía, sermón o introducción puede seguir a las lecturas.

Puede seguir un acto de auto-dedicación.

El rito puede concluir de una de las siguientes maneras:

1. Con la recitación de la Gran Letanía o alguna otra forma de intercesión.

2. Con el canto del Te Deum laudamus o algún otro himno de alabanza, seguido del Padre Nuestro, la colecta para el Santo Nombre, y una bendición o despedida, o ambas.

3. Con la Eucaristía, comenzando con el Gloria in excelsis o algún otro cántico de alabanza. Se usa el propio para la fiesta del Santo Nombre.

Bendición de hogares en Epifanía

Donde se acostumbre invitar al presbítero a los hogares de los feligreses en la fiesta de la Epifanía o durante la siguiente semana, se puede usar esta bendición.

El Celebrante comienza con el siguiente, o algún otro saludo:

Paz a esta casa, y a todos los que en ella moran.

Luego se canta o dice el Magnificat con una de las siguientes antífonas:

El Señor ha manifestado su gloria: Vengan, adorémosle.

o bien:

Vi agua que brotaba del templo; manaba del lado derecho, aleluya; y serán salvos todos aquellos a quienes el agua alcance, y dirán, aleluya, aleluya.

Proclama mi alma la grandeza del Señor,
se alegra mi espíritu en Dios mi Salvador; *
    porque ha mirado la humillación de su esclava.

Desde ahora me felicitarán todas las generaciones: *
    porque el Poderoso ha hecho obras grandes por mí,
    su Nombre es santo.
Su misericordia llega a sus fieles, *
    de generación en generación.
El hace proezas con su brazo, *
    dispersa a los soberbios de corazón.
Derriba del trono a los poderosos, *
    y enaltece a los humildes.
A los hambrientos los colma de bienes, *
    y a los ricos despide vacíos.
Auxilia a Israel, su siervo, *
    acordándose de la misericordia,
Como lo había prometido a nuestros padres, *
    en favor de Abrahán y su descendencia para siempre.
Gloria al Padre, y al Hijo y al Espíritu Santo: *
    como era en el principio, ahora y siempre,
    por los siglos de los siglos. Amén.

Luego se repite la antífona.

Celebrante	El Señor sea con ustedes.
Pueblo	Y con tu espíritu.
Celebrante	Oremos.

El Celebrante dice una de las siguientes colectas:

Oh Dios, que por la guía de una estrella manifestaste tu único Hijo a los pueblos de la tierra: Guía a tu presencia a los que ahora te conocemos por fe, para que veamos tu gloria cara a cara; mediante Jesucristo nuestro Señor, que vive y reina contigo y el Espíritu Santo, un solo Dios, ahora y por siempre. *Amén.*

o bien:

Padre celestial, que en el bautismo de Jesús en el Río Jordán, le proclamaste tu Hijo amado y le ungiste con el Espíritu Santo: Concede que todos los que son bautizados en su Nombre, guarden el pacto que han hecho, y valerosamente le confiesen como Señor y Salvador; quien contigo y el Espíritu Santo vive y reina, un solo Dios, en gloria eterna. *Amén.*

El Celebrante dice entonces esta oración:

Visita este hogar, oh bendito Señor, con la alegría de tu presencia. Bendice a todos los que viven aquí con el don de tu amor; y concede que manifiesten tu amor [unos a otros] y a todos aquellos cuyas vidas toquen. Que crezcan en gracia y en tu amor y conocimiento, guíales, consérvales, fortaléceles, y presérvales en paz, oh Jesucristo, ahora y por siempre. *Amén.*

Pueden añadirse otras oraciones adecuadas.

El Celebrante puede decir una de las dos bendiciones siguientes:

Que Dios Padre, quien por medio del Bautismo nos adopta como sus hijos, les conceda gracia. *Amén.*

Que Dios Hijo, quien santificó el hogar en Nazaret, les colme de amor. *Amén.*

Que Dios Espíritu Santo, quien ha hecho a la Iglesia una sola familia, les guarde en paz. *Amén.*

o bien:

Que Dios todopoderoso, quien guió a los magos por el resplandor de una estrella a encontrar al Cristo, Luz de Luz, les guíe también a ustedes, en su peregrinación, a encontrar al Señor. *Amén.*

Que Dios, quien envió al Espíritu Santo a posar sobre el Unigénito en su bautismo en el Río Jordán, derrame ese Espíritu sobre ustedes que han venido a las aguas del nuevo nacimiento. *Amén.*

Que Dios, por el poder que cambió el agua en vino, en las bodas de Caná, transforme sus vidas y alegre sus corazones. *Amén.*

Y la bendición de Dios omnipotente, el Padre, el Hijo y el Espíritu Santo, sea con ustedes y more con ustedes eternamente. *Amén.*

Puede intercambiarse la Paz.

Vigilia para la víspera del Bautismo de nuestro Señor

Cuando se observa una vigilia del Bautismo del Señor, ésta comienza con la Liturgia de la Luz, página 73 del Libro de Oración Común (sustituyendo, si se desea, el Phos hilaron por el Gloria in excelsis), y continúa con la salutación y la colecta del día. Se leen tres o más lecciones antes del Evangelio, cada una seguida por un período de silencio y un salmo, cántico o himno. El Santo Bautismo, o la Confirmación (comenzando con la presentación de los candidatos), o la renovación de los votos bautismales, Libro de Oración Común, página 224, sigue al sermón.

La historia del Diluvio

Génesis (7:1-5, 11-18); 8:6-18; 9:8-13.
Salmo 25:3-9, *o* Salmo 46

El Señor traza un camino en el mar

Isaías 43:15-19
Salmo 114

El lavamiento y unción de Aarón

Levítico 8:1-12
Salmo 23, *o* Salmo 133

La unción de David

1 Samuel 16:1-13
Salmo 2:1-8, *o* Salmo 110:1-5

La purificación de Naamán en el Jordán

2 Reyes 5:1-4
Salmo 51:8-13

La salvación ofrecida libremente a todos

Isaías 55:1-11
Cántico 2, Primer Cántico de Isaías

Un corazón nuevo y un espíritu nuevo

Ezequiel 36:24-28
Salmo 42

El Espíritu del Señor está sobre mí

Isaías 61:1-9

o **He aquí mi siervo ***

Isaías 42:1-9

Salmo 89:20-29

Cuando la paciencia de Dios esperó en los días de Noé

1 Pedro 3:15b-22

o **Dios ungió a Jesús con el Espíritu Santo**

Hechos 10:34-38

El bautismo de Jesús *

Año A: San Mateo 3:13-17

Año B: San Marcos 1:7-11

Año C: San Lucas 3:15-16, 21-22

o **La Resurrección y la Gran Comisión**

San Mateo 28:1-10; 16-20

* *Lecturas y Salmo propios para la Eucaristía de la fiesta.*

Procesión de la candelaria

Esta procesión es para usarse inmediatamente antes de la Santa Eucaristía en la fiesta de la Presentación de Nuestro Señor en el Templo.

Cuando las circunstancias lo permitan, la congregación se reunirá en algún lugar aparte de la iglesia con el propósito de entrar a ésta en procesión. Sin embrago, si es necesario, la procesión tiene lugar dentro de la iglesia. En este caso, es adecuado que el Celebrante comience el rito en la puerta de la Iglesia.

Todos estarán provistos de velas sin encender. Un acólito sostiene la vela del Celebrante hasta que comienza la procesión. La congregación está de pie frente al Celebrante.

El Celebrante saluda al pueblo con estas palabras:

Luz y paz en Jesucristo.

Pueblo Demos gracias a Dios.

Entonces se canta o dice el siguiente cántico, durante el cual se encienden las velas.

Luz para alumbrar a las naciones,
y gloria de tu pueblo Israel.
Luz para alumbrar a las naciones,
y gloria de tu pueblo Isarel.
Ahora despides, Señor, a tu siervo, *
conforme a tu palabra, en paz:
Luz para alumbrar a las naciones,
y gloria de tu pueblo Israel.
Porque mis ojos han visto a tu Salvador, *
a quien has presentado ante todos los pueblos:
Luz para alumbrar a las naciones,
y gloria de tu pueblo Israel.

Luego el Celebrante dice la siguiente oración:

Oremos.

Dios nuestro Padre, fuente de toda luz, hoy revelaste al anciano Simeón tu luz que alumbra a las naciones. Llena nuestros corazones con la luz de la fe, para que quienes llevamos estas velas caminemos por la senda de la bondad, y lleguemos a la luz que resplandece para siempre, tu Hijo Jesucristo nuestro Señor. *Amén.*

La procesión

Diácono	Vayamos en paz.
Pueblo	En nombre de Cristo. Amén.

Durante la procesión, todos llevan velas encendidas; y se cantan himnos, salmos, o antífonas apropiados.
En un lugar adecuado, la procesión puede detenerse mientras se dice ésta o alguna otra colecta apropiada.

Oremos.

Oh Dios, tú has hecho santo este día por la presentación de tu Hijo en el Templo, y por la purificación de la bendita Virgen María: Concede, misericordiosamente, que nosotros, los que nos complacemos en su humilde disposición para ser la madre del Unigénito, nos regocijemos por siempre en nuestra adopción como sus hermanos y hermanas; por Jesucristo nuestro Señor. *Amén.*

La antífona y salmo siguientes son apropiados cuando la procesión se acerca al altar.

Meditamos en tu bondad, oh Señor, en medio de tu templo. Tu alabanza, como tu Nombre, oh Dios, llega hasta los confines de la tierra; de justicia está llena tu diestra.

Salmo 48:1-2, 10-13

En lugar de la antífona larga anterior, puede usarse esta forma corta con el salmo señalado.

Meditamos en tu bondad, oh Señor, en medio de tu templo.

Al llegar al santuario, el Celebrante va al lugar de costumbre, y la Eucaristía comienza con el Gloria in excelsis.

Después de la colecta del día, todos extinguen sus velas.

Si se desea, las velas de la congregación pueden encenderse otra vez al momento de la despedida, y salir así con ellas de la iglesia.

Lo concerniente al rito

La devoción conocida como el Vía Crucis es una adaptación, al uso local, de una costumbre ampliamente observada por los peregrinos que iban a Jerusalén: El ofrecimiento de oración en una serie de lugares de esa ciudad tradicionalmente asociados con la pasión y muerte de nuestro Señor.

El número de estaciones, que al principio varió mucho, se fijó finalmente en catorce. De éstas, ocho están basadas directamente en acontecimientos registrados en los Evangelios. Las seis restantes (números 3, 4, 6, 7, 9 y 13) están basadas en inferencias de la narración del Evangelio o en leyendas piadosas. Si se desea, pueden omitirse estas seis estaciones.

La forma que sigue es apropiada como un rito público o como una devoción privada, especialmente para los viernes de Cuaresma, pero no debe desplazar a la liturgia propia del Viernes Santo.

Tradicionalmente, las estaciones se hacen frente a una serie de cruces sencillas de madera colocadas a lo largo de las paredes de la iglesia o en algún otro lugar conveniente. Con cada cruz se asocia, a veces, una representación pictórica del evento que se está conmemorando.

El himno Stabat Mater ha sido frecuentemente asociado con este rito, pero no es una parte integral de él. Estrofas seleccionadas de este himno pueden apropiadamente cantarse a la entrada de los ministros, y (después de las devociones de apertura frente al altar) a medida que la procesión se acerca a la primera estación.

En la forma que sigue, el Trisagio ("Santo Dios") es el canto que se recomienda mientras la procesión va de una estación a otra. Alternativamente, el Trisagio puede usarse al concluir cada estación, y cantar estrofas de himnos apropiados mientras la procesión está en movimiento. Es conveniente que todos los presentes tomen parte en la procesión.

El oficiante en el rito, sea clérigo o laico, normalmente dirige el versículo introductorio en cada estación y lee la colecta final. Las lecturas (y los versículos que siguen) se asignan a otras personas.

Vía Crucis

Puede cantarse un himno u otro cántico durante la entrada de los ministros.

Devociones de apertura

En el Nombre del Padre, y del Hijo y del Espíritu Santo.
Amén.

Señor, ten piedad (de nosotros).
Cristo, ten piedad (de nosotros).
Señor, ten piedad (de nosotros).

Oficiante y Pueblo:

Padre nuestro que estás en el cielo,
  santificado sea tu Nombre,
  venga tu reino,
  hágase tu voluntad,
    en la tierra como en el cielo.
Danos hoy nuestro pan de cada día.
Perdona nuestras ofensas,
  como también nosotros perdonamos
    a los que nos ofenden.
No nos dejes caer en tentación
  y líbranos del mal. Amén.

V. Nos gloriamos en la cruz de nuestro Señor Jesucristo:

R. En quien está nuestra salvación, nuestra vida y resurrección.

Oremos. *(Silencio)*

Asístenos misericordiosamente con tu ayuda, Señor Dios de nuestra salvación, para que entremos con júbilo a la contemplación de aquellos hechos poderosos por medio de los cuales nos has concedido vida e inmortalidad; por Jesucristo nuestro Señor. *Amén.*

La procesión va a la primera estación.

Primera estación

Jesús es condenado a muerte

Te adoramos, oh Cristo, y te bendecimos:
Que por tu santa cruz has redimido al mundo.

Muy de mañana, habiendo tenido consejo los principales sacerdotes con los ancianos, con los escribas y con todo el concilio, llevaron a Jesús atado, y le entregaron a Pilato. Y todos le condenaron diciendo: "Merece morir". Cuando Pilato oyó estas palabras, llevó fuera a Jesús, y se sentó en el tribunal en un lugar llamado el Enlosado, y en hebreo Gábata. Entonces les entregó a Jesús para que fuese crucificado.

V. Dios perdonó a su propio Hijo:
R. Antes lo entregó por todos nosotros.

Oremos. *(Silencio)*

Dios todopoderoso, cuyo muy amado Hijo no ascendió al gozo de tu presencia sin antes padecer, ni entró en gloria sin antes ser crucificado: Concédenos, por tu misericordia, que nosotros, caminando por la vía de la cruz, encontremos que ésta es la vía de la vida y de la paz; por Jesucristo tu Hijo nuestro Señor. *Amén.*

Santo Dios,
Santo Poderoso,

Santo Inmortal,
Ten piedad de nosotros.

Segunda estación

Jesús toma su cruz

Te adoramos, oh Cristo, y te bendecimos:
Que por tu santa cruz has redimido al mundo.

Jesús salió, cargando su cruz, al lugar llamado de la Calavera, y en hebreo, Gólgota. Y aunque era Hijo, por lo que padeció aprendió obediencia. Como cordero fue llevado al matadero; y como oveja delante de sus trasquiladores, enmudeció, y no abrió su boca. El Cordero que fue inmolado es digno de tomar el poder, las riquezas, la sabiduría, la fortaleza, la honra, la gloria, la alabanza.

V. El Señor cargó en él el pecado de todos:
R. Por las transgresiones de mi pueblo fue muerto.

Oremos. *(Silencio)*

Dios todopoderoso, cuyo amado Hijo sufrió voluntariamente la agonía y el oprobio de la cruz por nuestra redención: Danos valor para tomar nuestra cruz y seguirle; quien vive y reina por los siglos de los siglos. *Amén.*

Santo Dios,
Santo Poderoso,
Santo Inmortal,
Ten piedad de nosotros.

Tercera estación

Jesús cae por primera vez

Te adoramos, oh Cristo, y te bendecimos:
Que por tu santa cruz has redimido al mundo.

Cristo Jesús, siendo en forma de Dios, no estimó el ser igual a Dios como cosa a qué aferrarse, sino que se despojó a sí mismo, tomando forma de siervo, hecho semejante a los hombres; y estando en la condición de hombre, se humilló a sí mismo, haciéndose obediente hasta la muerte, y muerte de cruz. Por lo cual Dios también le exaltó hasta lo sumo, y le dio un nombre que es sobre todo nombre. Vengan, inclinémonos, doblemos la rodilla, y postrémonos delante del Señor nuestro Hacedor, porque él es el Señor nuestro Dios.

V. Ciertamente llevó él nuestras enfermedades:
R. Y sufrió nuestros dolores.

Oremos. *(Silencio)*

Oh Dios, que nos hallamos rodeados de tantos y tan grandes

peligros, que a causa de la fragilidad de nuestra naturaleza no podemos estar siempre firmes: Concédenos la fortaleza y la protección necesarias para sostenernos en todo peligro, y triunfar de toda tentación; por Jesucristo nuestro Señor. *Amén.*

Santo Dios,
Santo Poderoso,
Santo Inmortal,
Ten piedad de nosotros.

Cuarta estación

Jesús encuentra a su afligida madre

Te adoramos, oh Cristo, y te bendecimos:
Que por tu santa cruz has redimido al mundo.

¿A quién te haré semejante, hija de Jerusalén? ¿A quién te compararé para consolarte, oh virgen hija de Sión? Porque grande como el mar es tu quebrantamiento. Bienaventurados los que lloran, porque ellos recibirán consolación. El Señor será tu luz eterna, y tus días de duelo terminarán.

V. Una espada traspasará tu misma alma:
R. Y llenará tu corazón de amargo dolor.

Oremos. *(Silencio)*

Oh Dios, que quisiste que en la pasión de tu Hijo una espada de aflicción traspasara el alma de la bendita Virgen María, su madre: Concede misericordiosamente que tu Iglesia, habiendo participado con ella en su pasión, sea hecha digna de participar en el gozo de su resurrección; quien vive y reina por los siglos de los siglos. *Amén.*

Santo Dios,
Santo Poderoso,
Santo Inmortal,
Ten piedad de nosotros.

Quinta estación

La cruz es puesta sobre Simón de Cirene

Te adoramos, oh Cristo, y te bendecimos:
Que por tu santa cruz has redimido al mundo.

Cuando salían, hallaron a un hombre de Cirene que se llamaba Simón, que venía del campo, y le pusieron encima la cruz para que la llevase tras Jesús. "Si alguno quiere venir en pos de mí, niéguese a sí mismo, y tome su cruz y sígame. Lleven mi yugo sobre ustedes, y aprendan de mí; porque mi yugo es fácil, y ligera mi carga".

V. El que no lleva su cruz y viene en pos de mí:
R. No puede ser mi discípulo.

Oremos. *(Silencio)*

Padre Celestial, cuyo bendito Hijo no vino para ser servido sino para servir: Bendice a todos aquellos, que siguiendo sus pisadas, se dan a sí mismos al servicio de los demás; que con sabiduría, paciencia y valor ministren en su Nombre a los que sufren, a los desamparados, y a los necesitados; por aquél que dio su vida por nosotros, tu Hijo nuestro Salvador Jesucristo. *Amén.*

Santo Dios,
Santo Poderoso,
Santo Inmortal,
Ten piedad de nosotros.

Sexta estación

Una mujer enjuga el rostro de Jesús

Te adoramos, oh Cristo, y te bendecimos:
Que por tu santa cruz has redimido al mundo.

Lo hemos visto sin belleza ni esplendor, su aspecto no era nada atrayente; fue despreciado y rebajado. Era un hombre lleno de dolor, acostumbrado al sufrimiento. Lo despreciamos como a alguien que no merece ser visto, no lo tuvimos en cuenta y sin embargo él estaba cansado con nuestros sufrimientos, estaba soportando nuestros propios dolores. Mas él fue herido por nuestras rebeliones, molido por nuestros pecados; el castigo de nuestra paz cayó sobre él, y por su llaga hemos sido sanados.

V. Restáuranos, oh Señor Dios de los ejércitos:
R. Muestra la luz de tu rostro, y seremos salvos.

Oremos. *(Silencio)*

Oh Dios, que antes de la pasión de tu unigénito Hijo, revelaste su gloria en el monte santo: Concede que, al contemplar por fe la luz de su rostro, seamos fortalecidos para llevar nuestra cruz y ser transformados a su imagen de gloria en gloria; por Jesucristo nuestro Señor. *Amén.*

Santo Dios,
Santo Poderoso,
Santo Inmortal,
Ten piedad de nosotros.

Séptima estación

Jesús cae por segunda vez

Te adoramos, oh Cristo, y te bendecimos:
Que por tu santa cruz has redimido al mundo.

Ciertamente él llevó nuestras enfermedades, y sufrió nuestros dolores. Todos nosotros nos descarriamos como ovejas, cada cual se apartó por su camino; mas el Señor cargó en él todos nuestros pecados. Angustiado él, y afligido, no abrió su boca. Por la transgresión de mi pueblo fue abatido.

V. Mas yo soy gusano, y no hombre:
R. Oprobio de todos, y despreciado del pueblo.

Oremos. *(Silencio)*

Dios omnipotente y eterno, en tu tierno amor hacia el género humano enviaste a tu Hijo nuestro Salvador Jesucristo para asumir nuestra naturaleza, y padecer muerte en la cruz, mostrándonos ejemplo de su gran humildad: Concédenos, en tu misericordia, que caminemos por el sendero de su padecimiento y participemos también en su resurrección; quien vive y reina por los siglos de los siglos. *Amén.*

Santo Dios,
Santo Poderoso,
Santo Inmortal,
Ten piedad de nosotros.

Octava estación

Jesús encuentra a las mujeres de Jerusalén

Te adoramos, oh Cristo, y te bendecimos:
Que por tu santa cruz has redimido al mundo.

Y seguía a Jesús gran multitud del pueblo, entre ellos mujeres que lloraban y se lamentaban por él. Pero Jesús, vuelto hacia ellas, les dijo: "Hijas de Jerusalén, no lloren por mí, sino lloren por ustedes mismas y por sus hijos".

V. Los que sembraron con lágrimas:
R. Con regocijo segarán.

Oremos. *(Silencio)*

Enseña a tu Iglesia, oh Señor, a llorar por los pecados de que es culpable, y a arrepentirse y olvidarlos; para que, por medio de tu gracia indulgente, el resultado de nuestras iniquidades no recaiga sobre nuestros hijos ni los hijos de nuestros hijos; por Jesucristo nuestro Señor. *Amén.*

Santo Dios,
Santo Poderoso,
Santo Inmortal,
Ten piedad de nosotros.

Novena estación

Jesús cae por tercera vez

Te adoramos, oh Cristo, y te bendecimos:
Que por tu santa cruz has redimido al mundo.

Yo soy el hombre que ha visto aflicción bajo la vara de su enojo. Me guió y me llevó en tinieblas, y no en luz. Edificó baluartes contra mí, y me rodeó de amargura y de trabajo. Me dejó en oscuridad, como los ya muertos de mucho tiempo. Aun cuando clamé y di voces, cerró los oídos a mi oración. Mis dientes quebró con cascajo, me cubrió de ceniza. Acuérdate de mi aflicción y de mi abatimiento, del ajenjo y de la hiel.

V. Como cordero fue llevado al matadero:
R. Y como oveja delante de sus trasquiladores enmudeció, y no abrió su boca.

Oremos. *(Silencio)*

Oh Dios, que por la pasión de tu bendito Hijo convertiste un instrumento de muerte vergonzosa en un medio de vida para nosotros: Concede que de tal modo nos gloriemos en la cruz de Cristo, que suframos con alegría la vergüenza y privación por causa de tu Hijo nuestro Salvador Jesucristo. *Amén.*

Santo Dios,
Santo Poderoso,
Santo Inmortal,
Ten piedad de nosotros.

Décima estación

Jesús es despojado de sus vestiduras

Te adoramos, oh Cristo, y te bendecimos:
Que por tu santa cruz has redimido al mundo.

Cuando llegaron a un lugar llamado Gólgota, que significa de la Calavera, le dieron a beber vinagre mezclado con hiel; pero después de haberlo probado, no quiso beberlo. Y repartieron entre sí sus vestiduras, echando suertes. Esto fue para que se cumpliese la Escritura, que dice: "Repartieron entre sí mis vestiduras, y sobre mi ropa echaron suertes".

V. Hiel me dieron a comer:
V. Y cuando tuve sed me dieron a beber vinagre.

Oremos. *(Silencio)*

Señor Dios, cuyo bendito Hijo nuestro Salvador entregó su cuerpo a los azotes y su rostro al esputo: Otórganos tu gracia para soportar gozosamente los sufrimientos de esta vida temporal, confiados en la gloria que ha de ser revelada; por Jesucristo nuestro Señor. *Amén.*

Santo Dios,
Santo Poderoso,
Santo Inmortal,
Ten piedad de nosotros.

Undécima estación

Jesús es clavado a la cruz

Te adoramos, oh Cristo, y te bendecimos:
Que por tu santa cruz has redimido al mundo.

Cuando llegaron al lugar llamado de la Calavera, le crucificaron allí; y con él crucificaron a dos malechores, uno a la derecha y otro a la izquierda, y Jesús entre ellos. Y se cumplió la Escritura que dice: "Y fue contado con los inicuos".

V. Horadaron mis manos y pies:
R. Ellos me miran y me observan.

Oremos. *(Silencio)*

Señor Jesucristo, tú extendiste tus brazos amorosos sobre el cruel madero de la cruz, para estrechar a todos los hombres en tu abrazo salvador: Revístenos con tu Espíritu de tal manera que, extendiendo nuestras manos en amor, llevemos a quienes no te conocen a reconocerte y amarte; por el honor de tu Nombre. *Amén.*

Santo Dios,
Santo Poderoso,
Santo Inmortal,
Ten piedad de nosotros.

Duodécima estación

Jesús muere en la cruz

Te adoramos, oh Cristo, y te bendecimos:
Que por tu santa cruz has redimido al mundo.

Cuando vio Jesús a su madre, y al discípulo a quien él amaba, que estaba presente, dijo a su madre: "Mujer, he ahí tu hijo". Después dijo al discípulo: "He ahí tu madre". Cuando Jesús hubo tomado el vinagre, dijo: "Consumado es". Y entonces clamando a gran voz dijo: "Padre, en tus manos encomiendo mi espíritu". Y habiendo inclinado la cabeza, entregó el espíritu.

V. Por nosotros Cristo se hizo obediente hasta la muerte:
R. Y muerte de cruz.

Oremos. *(Silencio)*

Oh Dios, que por nuestra redención entregaste a tu unigénito Hijo a muerte de cruz, y por su resurrección gloriosa nos libraste del poder de nuestro enemigo: Concédenos morir diariamente al pecado, de tal manera que vivamos siempre con él, en el gozo de su resurrección; quien vive y reina ahora y por siempre. *Amén.*

Santo Dios,
Santo Poderoso,

Santo Inmortal,
Ten piedad de nosotros.

Décimatercera estación

El cuerpo de Jesús es puesto en los brazos de su madre

Te adoramos, oh Cristo, y te bendecimos:
Que por tu santa cruz has redimido al mundo.

Todos ustedes los que pasan, miren y vean si hay dolor como mi dolor. Mis ojos desfallecieron de lágrimas, se conmovieron mis entrañas; mi corazón fue derramado a causa del quebrantamiento de mi pueblo. "No me llamen Noemí (que significa placentera), sino llámenme Mara (que significa amarga); porque en grande amargura me ha puesto el todopoderoso".

V. Sus lágrimas ruedan por sus mejillas:
R. No tiene quien la consuele.

Oremos. *(Silencio)*

Señor Jesucristo, por tu muerte quitaste el aguijón de la muerte: Concede a tus siervos que caminemos de tal modo donde tú nos has precedido, que al fin durmamos apaciblemente en ti, y despertemos a tu semejanza; por amor de tu tierna misericordia. *Amén.*

Santo Dios,
Santo Poderoso,
Santo Inmortal,
Ten piedad de nosotros.

Décimacuarta estación

Jesús es puesto en la tumba

Te adoramos, oh Cristo, y te bendecimos:
Que por tu santa cruz has redimido al mundo.

Cuando llegó la noche, vino un hombre rico de Arimatea, llamado José, quien también era un discípulo de Jesús. Este fue a Pilato y pidió el cuerpo de Jesús. Entonces Pilato mandó que se le diese. Y tomando José el cuerpo, lo envolvió en una sábana limpia, y lo puso en su sepulcro nuevo, que había labrado en la peña; y rodó una gran piedra a la entrada del sepulcro.

V. No me abandonarás en el sepulcro:
R. Ni permitirás que tu Santo vea corrupción.

Oremos. *(Silencio)*

Oh Dios, tu bendito Hijo fue puesto en la tumba en un huerto, y descansó en el día del sábado: Concede que nosotros, los que hemos sido sepultados con él en las aguas del bautismo, encontremos nuestro perfecto descanso en su eterno y glorioso reino; donde él vive y reina por los siglos de los siglos. *Amén.*

Santo Dios,
Santo Poderoso,
Santo Inmortal,
Ten piedad de nosotros.

Oraciones finales frente al altar

Oh Salvador del mundo, que por tu cruz y preciosa sangre nos has redimido:
Sálvanos y ayúdanos, humildemente te suplicamos, oh Señor.

Oremos. *(Silencio)*

Te damos gracias, Padre celestial, porque nos has librado del dominio del pecado y de la muerte y nos has traído al reino de tu Hijo; y te rogamos que, así como por su muerte nos ha hecho volver a la vida, por su amor nos exalte a los gozos eternos; quien vive y reina contigo, en la unidad del Espíritu Santo, un solo Dios, ahora y por siempre. *Amén.*

A Cristo nuestro Señor que nos ama, y nos lavó en su propia sangre, y nos hizo un reino de sacerdotes para servir a su Dios y Padre, a él sea la gloria y el dominio por los siglos de los siglos. *Amén.*

Lo concerniente al rito

El nombre *Tenebrae* (palabra latina para "tinieblas" o "sombras") se ha aplicado por siglos a los antiguos oficios monásticos nocturno y matinal (Maitines y Laudes) de los tres últimos días de la Semana Santa, que en la época medieval vinieron a celebrarse en las noches precedentes.

Aparte del canto de las Lamentaciones (en que cada versículo los introduce una letra del alfabeto hebreo), la característica más conspicua del rito es la extinción gradual de las velas y de otras luces en la iglesia hasta que únicamente una sola vela, considerada como símbolo de nuestro Señor, queda encendida. Hacia el final del rito esta vela se esconde, tipificando la aparente victoria de las fuerzas del mal. Al final se hace un ruido fuerte, simbolizando el terremoto al tiempo de la resurrección (San Mateo 28:2), la vela escondida se regresa a su lugar, y a su luz todos salen en silencio.

En este libro se hace provisión para Tenebrae la noche del miércoles únicamente, para que las liturgias propias del Jueves Santo y del Viernes Santo encuentren su lugar como los ritos principales de esos días. Usando material extraído de cada uno de los antiguos tres oficios de Tenebrae, este rito provee un preludio y una meditación prolongada sobre los eventos de la vida de nuestro Señor entre la Ultima Cena y la Resurrección.

Rúbricas adicionales se encuentran en la página 104.

Tenebrae

Los ministros entran en silencio y se dirigen a sus lugares. El oficio comienza inmediatamente con la antífona del primer salmo. Es costumbre sentarse para la salmodia.

Primer nocturno

Antífona 1

Me consumió el celo de tu casa; los desprecios de los que te vituperaban cayeron sobre mí.
Salmo 69, o *Salmo 69:1-23*

Antífona 2

Vuelvan atrás y avergüéncense los que mi mal desean.
Salmo 70

Antífona 3

Levántate, oh Dios, defiende mi causa.
Salmo 74

V. Dios mío, líbrame de la mano del impío:
R. De las garras del perverso y violento.

Todos se ponen de pie para orar en silencio. El lector designado va entonces al atril, y todos los demás se sientan.

Lección 1

Lectura de las Lamentaciones de Jeremías el Profeta. [1:1-14]

Alef. ¡Cuán solitaria ha quedado la ciudad antes llena de gente! ¡Tiene apariencia de viuda la ciudad capital de los pueblos! ¡Sometida está a trabajos forzados la princesa de los reinos!

Bet. Se ahoga en llanto por las noches; lágrimas corren por sus mejillas. De entre todos sus amantes no hay uno que la consuele. Todos sus amigos la han traicionado; se han vuelto sus enemigos.

Guimel. A más sufrimientos y duros trabajos, Judá sufre ahora el cautiverio. La que antes reinaba entre los pueblos, ahora no encuentra reposo. Los que la perseguían, la alcanzaron y la pusieron en aprietos.

Dálet. ¡Qué tristes están los caminos de Sión! ¡No hay nadie que venga a las fiestas! Las puertas de la ciudad están desiertas, los sacerdotes lloran, los jóvenes se afligen y Jerusalén pasa amarguras.

He. Sus enemigos dominan, sus adversarios prosperan. Es que el Señor la ha afligido por lo mucho que ha pecado. Sus hijos fueron al destierro llevados por el enemigo.

¡Jerusalén, Jerusalén, regresa al Señor tu Dios!

Responsorio 1 *In Monte Oliveti*

En el monte de los Olivos Jesús oró al Padre:
Padre, si es posible, líbrame de este trago amargo.
El espíritu en verdad está dispuesto pero la carne es débil.
V. Velen y oren, para que no entren en tentación.
El espíritu en verdad está dispuesto pero la carne es débil.

Lección 2

Van. Deasapareció de la bella Sión toda su hermosura; sus jefes, como venados, andan en busca de pastos; arrastrando los pies, avanza delante de sus cazadores.

Zain. Jerusalén recuerda aquellos días, cuando se quedó sola y triste; recuerda todas las riquezas que tuvo en tiempos pasados; recuerda cuando cayó en poder del enemigo y nadie vino en su ayuda, cuando sus enemigos la vieron y se burlaron de su ruina.

Chet. Jerusalén ha pecado tanto que se ha hecho digna de desprecio. Los que antes la honraban, ahora la desprecian, porque han visto su desnudez. Por eso está llorando, y avergonzada vuelve la espalda.

Tet. Tiene su ropa llena de inmundicia; no pensó en las consecuencias. Es increíble cómo ha caído; no hay quien la consuele. ¡Mira, Señor, mi humillación y la altivez del enemigo!

¡Jerusalén, Jerusalén, regresa al Señor tu Dios!

Responsorio 2 *Tristis est anima mea*

Mi alma está muy triste, hasta la muerte;
quédense aquí, y velen conmigo.
Ahora verán la turba que me rodeará;
ustedes huirán, y yo iré para ser ofrecido por ustedes.
V. He aquí ha llegado la hora, y el Hijo del Hombre va a ser entregado en manos de pecadores.
Ustedes huirán, y yo iré para ser ofrecido por ustedes.

Lección 3

Yod. El enemigo se ha adueñado de las riquezas de Jerusalén. La ciudad vio a los paganos entrar violentamente en el santuario, ¡gente a la que tú, Señor, ordenaste que no entrara en tu lugar de reunión!

Caf. Todos sus habitantes lloran, andan en busca de alimentos; dieron sus riquezas a cambio de comida para poder sobrevivir. ¡Mira, Señor, mi ruina! ¡Considera mi desgracia!

Lámed. ¡Ustedes, los que van por el camino, deténganse a

pensar si hay dolor como el mío, que tanto me hace sufrir! ¡El Señor me mandó esta aflicción al encenderse su enojo!

Mem. El Señor lanzó desde lo alto un fuego que me ha calado hasta los huesos; tendió una trampa a mi paso y me hizo volver atrás; me ha entregado al abandono a cada instante.

Nun. Mis pecados los ha visto el Señor, me han sido atados por él mismo, y como un yugo pesan sobre mí: ¡Acaban con mis fuerzas! El Señor me ha puesto en manos de gente ante la cual no puedo resistir.

¡Jerusalén, Jerusalén, regresa al Señor tu Dios!

Responsorio 3 *Ecce vidimus eum*

Lo hemos visto sin belleza ni esplendor,
su aspecto no tenía nada atrayente. El cargó con nuestros pecados y sufrió por nuestras rebeliones, y por su llaga fuimos curados.
V. Ciertamente llevó nuestras enfermedades y sufrió nuestros dolores:
Y por su llaga fuimos curados.

Cuando este responsorio se cante en vez de decirse, repítase todo lo que precede al versículo:

Lo hemos visto. . . fuimos curados.

Segundo nocturno

Antífona 4

Se levantan los reyes de la tierra, y príncipes consultan unidos contra el Señor y contra su Ungido.
Salmo 2

Antífona 5

Reparten entre sí mis vestiduras, y sobre mi ropa echaron suertes.
Salmo 22, o *Salmo 22:1-21*

Antífona 6

Se levantan contra mí testigos falsos y los que respiran crueldad.
Salmo 27

V. Reparten entre sí mis vestiduras:
R. Y sobre mi ropa echaron suertes.

Todos se ponen de pie para orar en silencio. Entonces el lector señalado va al atril y los demás se sientan.

Lección 4

Lectura del tratado sobre los salmos del obispo San Agustín.
[Salmo 55. Libro de Oración Común, Salmo 55:1, 2, 10c].

"Escucha, oh Dios, mi oración, y no te escondas de mi súplica. Hazme caso y repóndeme; me agitan mis ansiedades".

Estas son palabras de alguien inquieto, ansioso y con problemas. Ora acosado por el sufrimiento, deseando ser librado del mal. Vemos qué mal le aprisiona, y cuando empiece a hablar, situémonos a su lado de forma que, compartiendo su tribulación, nos unamos también con él en oración.

"Me agitan mis ansiedades", dice, "y estoy atribulado".

¿Cuándo llora? ¿Cuándo está atribulado? Dice, "En mis ansiedades". Viene a su mente la opresión y la iniquidad de sus enemigos, y este sufrimiento es una "prueba". No se piense que el mal existe en el mundo sin ningun propósito y que Dios no usa a los enemigos para alguna finalidad. Cada persona perversa vive para que, o bien se corrija, o para que por medio de ella los justos sufran y sean probados.

Responsosrio 4 *Tamquam ad latronem*

¿Cómo contra un ladrón han salido
con espadas y con palos para prenderme?
Diariamente me sentaba con ustedes enseñando en el Templo,
y no me aprendieron;
ahora me azotan,
y me llevan para crucificarme.

V. Cuando ellos agarraron a Jesús, y le aprendieron, dijo:
Diariamente me sentaba con ustedes enseñando en el Templo,
y no me aprendieron;
ahora me azotan,
y me llevan para crucificarme.

Lección 5

Ojalá que los que nos crean problemas se convirtieran y vinieran hacia nosotros, aunque continúan molestándonos, no les odiemos, porque no sabemos si a lo mejor algunos de ellos desistirán de andar en malos caminos. La mayor parte de las veces cuando pensamos que odiamos a nuestros enemigos, sin saberlo, estamos odiando a nuestro hermano.

Solamente el maligno y sus ángeles, nos dice la Escritura, irán al castigo eterno. Su enmienda no tiene esperanza y contra ellos estamos en guerra oculta. Para esta batalla el Apóstol nos arma diciéndonos, "Poque no tenemos lucha contra sangre y carne", es decir, no contra seres humanos visibles, "sino contra principados, contra potestades, contra los gobernadores de las tinieblas de este siglo". Por consiguiente, no piensen que los demonios son los gobernantes del cielo y de la tierra, como bien dice, "de las tinieblas de este siglo".

Dice el apóstol, "de este siglo", queriendo decir, los amantes de este mundo -"del mundo" significa los impíos y los malvados- "el mundo" del que habla el Evangelio, "y el mundo no le conoció".

Responsorio 5 *Tenebrae factae sunt*

Cuando Jesus había sido crucificado,
densas tinieblas cubrían la tierra;
y cerca de la hora novena, Jesús clamó a gran voz:
Dios mío, Díos mío, ¿por qué me has desamparado?
y habiendo inclinado la cabeza, entregó el espíritu.
V. Jesús, clamando a gran voz dijo:
Padre, en tus manos encomiendo mi espíritu.
Y habiendo inclinado la cabeza, entregó el espíritu.

Lección 6

"He visto violencia y rencilla en la ciudad".

Contemplan la misma gloria de la cruz. Ahora colocan esa cruz en la frente de los reyes, la cruz de la cual se mofaban los enemigos. El poder de la cruz se observa en sus consecuencias. Ha conquistado al mundo, no por medio del acero sino de la madera. La madera de la cruz pareció ser un objeto apropiado para la burla de los enemigos, y se situaron frente a la cruz, meneando la cabeza diciendo, "Si eres Hijo de Dios, desciende de la cruz". Frente a la gente incrédula y rebelde, extendió sus manos. Si el que es justo vive por la fe, el que no tiene fe es injusto. Por consiguiente, cuando Jesús dice, "injusticia", entiende incredulidad. Por tanto, el Señor, vio injusticia y rencilla en la ciudad, y extendió sus brazos frente a gentes incrédulas y rebeldes. Y sin embargo, mirándolas, dijo, "Padre, perdónales, porque no saben lo que hacen".

Responsorio 6 *Ecce quomodo moritur*

Perece el justo,
y no hay quien lo note.
Los piadosos mueren, y no hay quien entienda.
El justo es librado de la cara del maligno,
y descansará en paz.
V. Como cordero mudo delante del que lo trasquila, no abrió su boca. De cárcel y de juicio fue librado.
Y descansará en paz.

Este responsorio se canta en vez de decirse. Repítase todo lo que precede al versículo:

Perece el justo. . . en paz.

Tercer nocturno

Antífona 7

Dios es mi ayuda; el Señor sostiene mi vida.
Salmo 54

Antífona 8

En Salem está tu tabernáculo, y su morada en Sión.
Salmo 76

Antífona 9

Perdido entre los muertos, como los caídos que nacen en el sepulcro.
Salmo 88

V. Me has colocado en lo profundo de la fosa:
R. Como los muertos de antaño.

Todos se ponen de pie para orar en silencio. Luego el lector señalado va al atril y los demás se sientan.

Lección 7

Lectura de la Carta a los Hebreos. [4:15-5:10; 9:11-15a]

Pues nuestro sumo sacerdote puede compadecerse de nuestra debilidad, porque él también estuvo sometido a las mismas pruebas que nosotros; sólo que él jamás pecó. Y a causa de su propia debilidad, tiene que ofrecer sacrificios por sus pecados tanto como por los pecados del pueblo.

Responsorio 7 *Eram quasi agnus*

Y yo era como cordero inocente que llevan a degollar.
No entendía que maquinaban designio contra mí,
diciendo: Destruyamos el árbol con su fruto,
y cortémoslo de la tierra de los vivientes.
V. Todos mis enemigos conspiraron contra mí,
y han ideado mal contra mí diciendo:

Destruyamos el árbol con su fruto,
y cortémoslo de la tierra de los vivientes.

Lección 8

Nadie puede tomar este honor para sí mismo, sino que es Dios quien lo llama y le da el honor, como en el caso de Aarón. De la misma manera, Cristo no se nombró sumo sacerdote a sí mismo, sino que Dios le dio ese honor, pues él fue quien dijo: "Tú eres mi hijo; yo te he engendrado hoy". Y también le dijo en otra parte de las Escrituras: "Tú eres sacerdote para siempre, de la misma clase de Melquisedec". Mientras Cristo estuvo viviendo aquí en el mundo, con voz fuerte y muchas lágrimas oró y suplicó a Dios, que tenía poder para librarlo de la muerte, y por su obediencia, Dios lo escuchó. Así que Cristo, a pesar de ser Hijo sufriendo aprendió a obedecer, y al perfeccionarse de esa manera, llegó a ser fuente de salvación eterna para todos los que le obedecen, y Dios lo nombró sumo sacerdote de la misma clase de Melquisedec.

Responsorio 8 *Velum templi*

El velo del templo se rasgó en dos
y la tierra tembló, y uno de los malechores que estaba colgado dijo,
Acuérdate de mí cuando vengas a tu reino.
V. Y las rocas se partieron, y se abrieron los sepulcros,
y muchos cuerpos de santos que habían dormido,
se levantaron:

Y la tierra tembló, y uno de los malechores que estaba colgado dijo,
Acuérdate de mí cuando vengas a tu reino.

Lección 9

Pero Cristo ya vino y ahora él es el sumo sacerdote de los bienes definitivos. El santuario donde él actúa como sacerdote es mejor y más perfecto, y no ha sido hecho por los hombres; es decir, no es de esta creación. Cristo ha entrado en el santuario, ya no para ofrecer la sangre de chivos y becerros, sino su propia sangre; ha entrado una sola vez y para siempre, y ha obtenido para nosotros la salvación eterna. Es verdad que la sangre de los toros y los chivos, y las cenizas de la becerra que se quema en el altar, las cuales son rociadas sobre los que están impuros, tiene poder para consagrarlos y purificarlos por fuera. ¡Pero si esto es así, cuánto más poder tendrá la sangre de Cristo! Pues por medio del Espíritu Santo, Cristo se ofreció a sí mismo a Dios como sacrificio sin mancha, y su sangre limpia nuestra conciencia de las obras que llevan a la muerte, para que podamos servir al Dios viviente. Por eso, Jesucristo intervino con su muerte, a fin de unir a Dios y los hombres mediante un nuevo pacto y testamento, para que sean perdonados los pecados cometidos bajo el primer pacto, y para que los que Dios ha llamado puedan recibir la herencia eterna que él les ha prometido.

Responsorio 9 *Sepulto Domino*

Cuando el Señor fue sepultado, aseguraron el sepulcro
rodando una gran piedra a la entrada del sepulcro;
y pusieron una guardia ante la tumba.
V. Los principales sacerdotes y fariseos fueron
ante Pilato y le pidieron asegurara el sepulcro:
Y pusieron una guardia ante la tumba.

Cuando este responsorio se cante en vez de decirse, repítase todo lo que precede al versículo:

Cuando el Señor. . . una guardia ante la tumba.

Laudes

Antífona 10

Dios no nos negó ni a su propio Hijo, sino que lo entregó por todos nosotros.
Salmo 63, o *Salmo 63:1-8*

Antífona 11

Como cordero fue llevado al matadero, enmudeció, y no abrió su boca.
Salmo 90, o *Salmo 90:1-12*

Antífona 12

Y lloraban como quien llora por hijo unigénito; pues el Señor, que es sin pecado, ha sido sacrificado.
Salmo 143

Antífona 13

De las puertas del infierno, libra mi alma, oh Señor.
Cántico de Ezequías [Isaías 38:10-20]

1 Yo había pensado:
"En lo mejor de mi vida tendré que irme; *
se me ordena ir al reino de la muerte
por el resto de mis días.

2 Yo pensé:
"Ya no veré más al Señor en esta tierra, *
no volveré a mirar a nadie
de los que viven en el mundo".

3 Deshacen mi habitación, me la quitan, *
como tienda de pastores.

4 Mi vida era cual la tela de un tejedor, *
que es cortada del telar.

5 De día y de noche me haces sufrir. *

6 Grito de dolor toda la noche,
como si un león estuviera quebrándome los huesos. *
De día y de noche me haces sufrir.
Me quejo suavemente como las golondrinas,
gimo como las palomas.

7 Mis ojos se cansan de mirar al cielo. *
¡Señor, estoy oprimido, responde tú por mí!

8 ¿Pero qué podré yo decirle, *
si él fue quien lo hizo?

9 El sueño se me ha ido por la amargura de mi alma. *
Aquellos a quienes el Señor protege, vivirán,
y con todos ellos viviré yo.

10 Tú me has dado la salud, *
me has devuelto la vida.

11 Mira, en vez de amargura, ahora tengo paz.
Tú has preservado mi vida de la fosa destructora,
porque has perdonado todos mis pecados.

12 Quienes están en el sepulcro no pueden alabarte, *
los muertos no pueden darte gloria,
los que bajan a la fosa no pueden esperar tu fidelidad.

13 Sólo los que viven pueden alabarte,
como hoy lo hago yo. *

Los padres hablan a sus hijos de tu fidelidad.

14 El Señor está aquí para salvarme. *
Toquemos nuestras arpas y cantemos
todos los días de nuestra vida en el templo del Señor.

Ant. De las puertas del infierno,
libra mi alma, oh Señor.

Antífona 14

Oh muerte, yo seré tu muerte; oh tumba, yo seré tu destrucción.
Salmo 150

1 ¡Aleluya!
Alaben a Dios en su santo templo; *
alábenle en la bóveda de su poder.

2 Alábenle por sus proezas; *
alábenle por su inmensa grandeza.

3 Alábenle con el bramido del corno; *
alábenle con lira y arpa.

4 Alábenle con tambores y danzas; *
alábenle con cuerdas y caramillo.

5 Alábenle con címbalos resonantes; *
alábenle con címbalos clamorosos.

6 Todo lo que respira, *
alabe al Señor. ¡Aleluya!

Ant. Oh muerte, yo seré tu muerte;
oh tumba, yo seré tu destrucción.

V. Descansaré en la esperanza:
R. No permitiré que tu Santo vea la corrupción.

Todos se ponen de pie. Durante el siguiente cántico, las velas del altar y las demás luces de la iglesia se apagan (a excepción de la que está en el candelabro triangular).

Antífona

Las mujeres al pie de la tumba lloraban y se lamentaban por el Señor.
Cántico 16: Benedictus Dominus Deus Israel

Después del cántico, durante la repetición de la antífona, la vela que queda se retira del candelabro y se esconde detrás o debajo del altar o en algún otro lugar apropiado.

Todos se arrodillan para cantar la siguiente antífona:

Cristus factus est

Por nosotros Cristo se hizo obediente hasta la muerte, y muerte de cruz. Por lo cual Dios también le exaltó hasta lo sumo, y le dio un Nombre que es sobre todo nombre.

Se observa un período de silencio.

El siguiente salmo se dice en voz baja. Si se canta, se acostumbra hacerlo al unísono, alternando los versículos.

Salmo 51

El oficiante dice la colecta sin cantarla y sin conclusión acostumbrada.

Dios todopoderoso, oramos para que contemples a esta tu familia, por quien nuestro Señor Jesucristo fue traicionado, entregado en manos de pecadores sufriendo muerte de cruz.

No se añade nada más. Se hace un gran ruido y la vela que está escondida se trae y se coloca en el candelabro.

Con la luz que emite, los ministros y el pueblo se marchan en silencio.

Instrucciones adicionales

Este libro suministra la forma completa del antiguo rito: Los Maitines subdivididos en tres Nocturnos y Laudes. Si se desea, el rito puede acortarse algo usando la forma breve indicada para ciertos salmos. También pueden omitirse los primeros dos responsorios de cada Nocturno.

Al preparar el rito, se coloca un candelabro grande triangular con quince velas en el lado litúrgico sur del santuario. Se extingue una vela al final de cada salmo, y al final del Cántico de Ezequías. Finalmente se extinguen durante el cántico del Benedictus las velas del altar y todas las demás luces, a excepción de la que queda en la parte superior del candelabro triangular.

En este rito no debe haber preludio o postludio musical, ni debe llevarse cruz procesional o antorchas, como tampoco se cantan himnos ni se predica.

Los ministros, acólitos y miembros del coro se revisten como es la costumbre para los oficios corales. El oficiante puede usar una esclavina sobre el sobrepelliz.

Las antífonas señaladas se cantan o recitan completamente antes y después de cada salmo. Los salmos se cantan o recitan de forma antifonal. El Gloria Patri no se usa en este rito.

Cada grupo de lecciones se anuncia únicamente al principio, según lo señala el texto. Se omite la fórmula final.

Las letras del alfabeto hebreo que se prefijan a los versículos de las lecturas de Lamentaciones, son parte integral del cántico tradicional, y no deben omitirse cuando se cantan estas lecciones. (En el original hebreo, cada versículo comienza con la letra indicada).

Si los responsorios después de las lecciones se recitan en vez de cantarse, la congregación lee las partes que están en letra bastardilla. En los arreglos musicales, los responsorios pueden ser cantados completamente por el coro o por todos los presentes. El versículo [V.] puede cantarlo un solista. La repetición de la primera parte del texto de los responsorios 3, 6 y 9 se supone que sólo sea para arreglos musicales.

Si se desea una forma mucho más corta del rito, se pueden omitir los Nocturnos 2 y 3, así como el segundo y tercer salmo de Laudes (Salmo 90, o 143). En este caso, se extinguen dos velas después de cada salmo. Se pueden omitir alternadamente los Nocturnos 2 y 3 y dos salmos de Laudes usando un candelabro de siete brazos.

Jueves Santo

Lavatorio de pies

Si se desea comenzar la ceremonia del lavatorio con una corta homilía, puede usarse la siguiente:

Feligreses en el servicio de nuestro Señor Jesucristo: La noche antes de ser entregado a la muerte, Jesús dio a sus discípulos un ejemplo de humildad al lavarles los pies. Les enseñó que la fortaleza y el crecimiento en la vida del Reino de Dios, no viene por medio del poder, la autoridad, ni siquiera por los milagros, sino mediante tal ejemplo de humildad. Todos necesitamos recordar su ejemplo, pero nadie lo necesita tanto como aquellos que han sido llamados al ministerio ordenado.

Por tanto, invito [a quienes han sido designados como representantes de la congregación y] a los que comparten el sacerdocio real de Cristo, que vengan al frente para que yo recuerde de quien soy siervo siguiendo el ejemplo de mi Maestro. Pero al venir recuerden su consejo de que lo que se haga por ustedes, también deberán hacerlo por otros, pues "el siervo no es mayor que su señor, ni el enviado es mayor que quien lo envió. Si saben estas cosas, bienaventurados serán si las hiciesen".

Reserva del sacramento

Cuando se reserve el Sacramento con el fin de administrarlo el Viernes Santo, debe guardarse en una capilla o en un lugar fuera del santuario principal de la iglesia, con el fin de que la congregación fije la atención en el altar desnudo.

Desvestir el altar

Si se acostumbra desvestir el altar como una ceremonia pública, tiene lugar el Jueves Santo después de la liturgia. Puede efectuarse en silencio, o mientras un lector lee el Salmo 22, omitiendo el Gloria Patri. Se puede decir la antífona siguiente antes y después del salmo.

Se reparten mi ropa, echan a suerte mi túnica.

Agape de Jueves Santo

La celebración de cenas festivas no es apropiada durante la Semana Santa. En la tradición cristiana tales festividades se celebran únicamente después del ayuno cuaresmal cuando se haya terminado la gran vigilia Pascual (que es la Fiesta Pascual cristiana) y la comunión de Pascua de Resurrección.

Si se desea compartir una cena después de la Eucaristía de Jueves Santo, puede usarse el siguiente orden.

Se prefiere una cena sin carne. El arreglo de la mesa deber ser austero y los alimentos sencillos y frugales. La comida apropiada puede consistir en sopa, queso, aceitunas, frutos secos, pan y vino. Es aconsejable que el pan y el vino se lleven al altar durante el Ofertorio (junto con otras ofrendas especiales para los pobres). Después de la celebración eucarística se llevan al lugar donde se va a cenar.

El Celebrante dirá la siguientes bendiciones al comenzar la cena, mientras todos están de pie.

Para el vino

Bendito seas, oh Señor nuestro Dios, Rey del universo. Tú

creaste el fruto de la vid, y en esta noche nos has renovado con la copa de salvación en la Sangre de tu Hijo Jesucristo. Gloria a ti por los siglos de los siglos. *Amén.*

Para el pan

Bendito seas, oh Señor nuestro Dios, Rey del universo. Tú nos das el pan de la tierra, y en esta noche nos has dado el pan de vida en el Cuerpo de tu Hijo Jesucristo. Como el grano esparcido sobre la tierra se amaza en una hogaza, reúne tu Iglesia esparcida por doquier en el reino de tu Hijo. Gloria a ti por los siglos de los siglos. *Amén.*

Por los otros alimentos

Bendito seas, oh Señor nuestro Dios, Rey del universo. Tú has bendecido la tierra para que produzca el alimento que satisface nuestra hambre. Que este alimento nos fortalezca, en el ayuno que haremos para que, siguiendo a nuestro Señor en el camino de la cruz, lleguemos al gozo de su resurrección. Porque tuyo es el reino, el poder y la gloria, ahora y por siempre. *Amén.*

Durante la cena, o cuando vaya a terminar, una persona señalada lee el capítulo diez y siete del Evangelio según San Juan.

El ágape concluye con un salmo, por ejemplo el Salmo 69:1-23, o con un cántico, o con una oración, o con una bendición, o con la despedida.

Si se celebra el ágape, la ceremonia de desvestir el altar se hace después de la cena.

La forma del ágape, antes indicada, puede usarse también esta noche en los hogares.

Bendiciones para la comida en la Pascua de Resurrección

Estas bendiciones son apropiadas para el uso en los hogares el día de la comida de Pascua de Resurrección. Pueden usarse en la comida parroquial que sigue a la vigilia Pascual. También pueden usarse para los alimentos que se traigan a la iglesia para ser bendecidos.

Para el vino

Bendito seas, oh Señor nuestro Dios, creador del fruto de la vid: Concede que los que compartimos este vino, que alegra nuestro corazón, podamos siempre compartir la nueva vida de la Vid verdadera, tu Hijo Jesucristo, nuestro Señor. *Amén.*

Para el pan

Bendito seas, oh Señor nuestro Dios; tú nos das el pan de la tierra y haces que el Señor resucitado sea nuestro Pan de Vida: Concede que así como diariamente buscamos el pan que sostiene nuestros cuerpos, podamos también tener hambre por el alimento de vida eterna, Jesucristo nuestro Señor. *Amén.*

Para el cordero

Incita nuestra memoria, oh Señor, al comer este cordero pascual, para que, recordando al antiguo Israel, que obediente a tu mandato comió el cordero pascual y fue librado de la esclavitud, así nosotros, tu nuevo Israel, podamos regocijarnos en la resurrección de Jesucristo, el verdadero Cordero que nos ha liberado de la esclavitud del pecado y de la muerte, que vive y reina por siempre. *Amén.*

Para los huevos

Oh Señor nuestro Dios, al celebrar la fiesta Pascual de Resurrección, hemos preparado estos huevos fruto de tu creación: Concede que ellos sean signo de la nueva vida e inmortalidad prometida a los que siguen a tu Hijo, Jesucristo nuestro Señor. *Amén.*

Para otros alimentos

Bendito seas, oh Señor nuestro Dios, tú nos has dado al Salvador resucitado para que sea el Pastor de tu pueblo: Dirígenos, por medio de él, a los manantiales de agua viva, y aliméntanos con la comida que perdura hasta la vida eterna; donde contigo, oh Padre, y con el Espíritu Santo, vive y reina, un solo Dios, por los siglos de los siglos. *Amén.*

Bendición de hogares en la Pascua de Resurrección

Donde se acostumbre invitar al presbítero al hogar de los fieles durante los cincuenta días de Pascua de Resurrección, se puede usar esta bendición.

El Celebrante comienza con el siguiente o algún otro saludo:

Paz sea a esta casa y a todos los que en ella moran.

Luego se canta o dice el Salmo 114 con una de las siguientes antífonas:

Aleluya. El Señor ha resucitado. Venid, adorémosle. Aleluya.

o bien:

Vi agua que brotaba del templo; manaba del lado derecho, aleluya; y serán salvos todos aquellos a quienes el agua alcance y dirán, aleluya, aleluya.

Cuando salió Israel de Egipto, *
    la casa de Jacob de entre un pueblo de idioma ajeno,

Judá vino a ser el santuario de Dios, *
e Israel su dominio.
El mar lo vio, y huyó, *
el Jordán se volvió atrás.
Los montes saltaron como carneros, *
y como corderos las colinas.
¿Qué te afligió, oh mar, que huiste, *
y a ti, oh Jordán, que te volviste atrás?
Oh montes, ¿por qué saltaron como carneros, *
y como corderos, oh colinas?
Tiembla, oh tierra, a la presencia de mi Soberano, *
a la presencia del Dios de Jacob,
Quien cambió la peña en estanque de aguas, *
y el pedernal en manantiales.

Luego se repite la antífona.

En vez del Salmo 114 se puede usar otro salmo, como el 118, o el salmo puede reemplazarse con un cántico. Los cánticos apropiados pueden ser, Cristo nuestra Pascua, el Cántico de Moisés, y el Cántico del Cordero.

Celebrante El Señor sea con ustedes.
Pueblo Y con tu espíritu.
Celebrante Oremos.

El Celebrante dice una de las siguientes colectas o alguna otra de la estación de Pascua:

Dios todopoderoso, concede, te pedimos, que los que

celebramos con expectación la fiesta Pascual, seamos dignos de lograr el gozo eterno; por Jesucristo nuestro Señor, que vive y reina contigo y el Espíritu Santo, un solo Dios, ahora y por siempre. *Amén.*

o bien:

Dios todopoderoso y eterno, que en el misterio Pascual estableciste el nuevo pacto de la reconciliación: Concede que todos los que han renacido en la confraternidad del Cuerpo de Cristo, muestren en sus vidas lo que por fe profesan; por Jesucristo nuestro Señor, que vive y reina contigo y el Espíritu Santo, un solo Dios, por los siglos de los siglos. *Amén.*

Luego el Celebrante dice la siguiente oración:

Visita este hogar, oh bendito Señor, con la alegría de tu presencia. Bendice a todos los que viven aquí con el don de tu amor; y concede que manifiesten tu amor [unos a otros y] a todos aquellos cuyas vidas toquen. Que crezcan en gracia y en tu amor y conocimiento; guíales, consérvales, fortaléceles y presérvales en paz, oh Jesucristo, ahora y por siempre. *Amén.*

El Celebrante puede decir una de las siguientes bendiciones:

Que Dios Padre, quien por medio del Bautismo nos adopta como sus hijos, les conceda gracia. *Amén.*

Que Dios Hijo, quien santificó el hogar en Nazaret, les colme de amor. *Amén.*

Que Dios Espíritu Santo, quien ha hecho a la Iglesia una sola familia, les guarde en paz. *Amén.*

o bien:

Que Dios todopoderoso, quien nos ha redimido y hecho hijos por la resurrección de Jesucristo, nuestro Señor, les conceda las riquezas de su bendición. *Amén.*

Que Dios, quien por el agua del Bautismo nos ha levantado del pecado a novedad de vida, les haga santos y dignos de unirse con Cristo para siempre. *Amén.*

Que Dios, quien nos ha sacado de la esclavitud del pecado a la verdadera y permanente libertad en el Redentor, les lleve a la herencia eterna. *Amén.*

Y la bendición de Dios todopoderoso, el Padre, el Hijo y el Espíritu Santo, sea y more con ustedes eternamente. *Amén.*

Se puede intercambiar la Paz.

Procesión de rogativas

Los días de rogativas se observan tradicionalmente el lunes, martes y miércoles antes del día de Ascensión. No obstante, pueden observarse otros días, dependiendo de las condiciones locales y de la conveniencia para la congregación.

Antiguamente la costumbre era celebrar una procesión al aire libre que terminaba con una celebración especial de la Eucatistía. En siglos recientes, la procesión se ha celebrado con frecuencia el domingo por la tarde, aparte de la Eucaristía.

Si la procesión de rogativas se celebra el domingo o un día de Fiesta Mayor, debe hacerse aparte de la Eucaristía o después de la Eucaristía del día. Bajo estas condiciones, la procesión termina con una oración y bendición apropiadas.

Durante la procesión se cantan himnos, salmos, cánticos y antífonas. Las siguientes son apropiadas:

Cántico 1, *o* 12 (Benedicite)
Salmo 103 (Estribillo: "Bendice, alma mía, al Señor")
Salmo 104 (Estribillo: "Aleluya")

La procesión puede detenerse en lugares apropiados para lecturas bíblicas y oraciones.

Además de las lecturas señaladas en la página 819 del Libro de Oración Común, cualesquiera de los siguientes pasajes es apropiado:

Génesis 8:13-22
Levítico 26:1-13 (14-20)
Deuteronomio 8:1-10 (11-20)
Oseas 2:18-23
Ezequiel 34:25-31
Santiago 4:7-11
San Mateo 6:25-34
San Juan 12:23-26

Las siguientes oraciones son apropiadas: Oraciones 1, 29, 34, 38, 40-44 y las Acciones de Gracias 1, 8 y 9 de la lista de "Oraciones y Acciones de Gracias", páginas 704-733 respectivamente, del Libro de Oración Común. También la siguiente:

Todopoderoso y eterno Dios, Creador de todas las cosas y dador de vida, permite que tu bendición sea sobre esta (semilla, ganado, arado, bosque, _____) y concede que pueda servir a tu gloria y bienestar de tu pueblo; por Jesucristo nuestro Señor. *Amén.*

Generalmente es costumbre empezar la Gran Letanía cuando la procesión entra en la iglesia. Las siguientes peticiones pueden incluirse después de la tercera petición de la página 117 del Libro de Oración Común.

Que te dignes conceder buen tiempo, lluvia moderada, estaciones fructíferas, para que haya alimento y agua para todas tus criaturas,

Suplicámoste nos oigas, buen Señor.

Que te dignes bendecir la tierra y las aguas y a todos aquellos que las cultivan para que produzcan alimento y todas las cosas que necesita tu pueblo,
Suplicámoste nos oigas, buen Señor.

Que te dignes mirar con favor a los que cuidan la tierra, el agua y el aire, para que las riquezas de tu creación abunden siempre,
Suplicámoste nos oigas, buen Señor.

Al terminar la Letanía, y después de los Kyries, comienza la Eucaristía con la salutación y una de las colectas propias para los días de rogativas.

Si la procesión no puede celebrarse al aire libre, el rito puede comenzar con la Gran Letanía, la cual puede cantarse en procesión dentro de la iglesia.

Si la liturgia no comienza con la Gran Letanía, se sugiere que se use la fórmula V para la Oración de los Fieles (Libro de Oración Común, página 312), y después de la novena petición (página 313), se puede añadir las siguientes:

Por buen tiempo, lluvia moderada y estaciones fructíferas, para que haya alimento y agua para todas tus criaturas, te suplicamos, Señor.

Por tu bendición sobre la tierra y las aguas y a todos aquellos que las cultivan para que produzcan alimento y todas las cosas que necesita tu pueblo, te suplicamos, Señor.

Por todos los que cuidan la tierra, las aguas y el aire, para que las riquezas de tu creación abunden siempre, te suplicamos, Señor.

Vigilia para la víspera del día de Todos los Santos

o para el domingo después del día de Todos los Santos

Cuando se celebra la vigilia bautismal de Todos los Santos, ésta comienza con la Liturgia de la Luz, página 73 del Libro de Oración Común (cambiando, si se prefiere, el Gloria in excelsis por el Phos hilaron) y continúa con la salutación y colecta del día. Se leen tres o más lecciones antes del Evangelio, cada una seguida de un período de silencio o un salmo, cántico o himno. Después del sermón siguen el Santo Bautismo o la Confirmación (comenzando con la presentación de los candidatos) o la renovación de los votos bautismales.

El llamamiento de Abrahán

Génesis 12:1-8
Salmo 113

Daniel es librado del foso de los leones

Daniel 6:(1-15) 16-23
Cántico 2, *o* 13

Testamento y muerte de Matatías

1 Macabeos 2:49-64
Salmo 1

El martirio de los siete hermanos

2 Macabeos 6:1-27, 7:1-23
Salmo 111

El elogio de los antepasados *

Eclesiástico 44:1-10, 13-14
Salmo 116

Rodeados por una gran nube de testigos +

Hebreos 11:32 (33-38) 39-12:2
Salmo 149 *

La recompensa de los santos *

Apocalipsis 7:2-4, 9-17
Las Bienaventuranzas *
San Mateo 5:1-12

o "Vengan a mí y descansen"
San Mateo 11:27-30

o La Resurrección y la Gran Comisión •
San Mateo 28:1-10, 16-20

+ Lecturas y salmo apropiados para la Eucaristía de Todos los Santos.

* También indicada para la Oración Matutina del día de
Todos los Santos.

• Solamente los sábados por la tarde.

Rito de vísperas para Todos los Santos

Este rito se puede usar en la tarde del 31 de octubre, comúnmente llamada Víspera de Todos los Santos. Antes o después del rito pueden celebrarse fiestas o programas de diversión apropiados a la ocasión. También se puede visitar un cementerio o un columbario.

El rito comienza con la Liturgia de la Luz, página 73 del Libro de Oración Común y se usa la Oración por la Luz, señalada para las festividades de los santos.

Después del Phos hilaron se leen dos o más lecciones, cada una seguida de un salmo, cántico o himno, y una oración.

La adivina de Endor

1 Samuel 28:3-25
(Es conveniente que esta lección la lea un narrador y que otros lectores lo hagan representando a Saúl, a la adivina y a Samuel).
Salmo 130

Oremos. *(Silencio)*

Dios eterno y todopoderoso, que has hecho todas las cosas según tu sabiduría, y has establecido los límites de la vida y de la muerte: Concede que en este mundo podamos obedecer tu voz, y que en el venidero podamos gozar del descanso y paz que has reservado para tu pueblo; por Jesucristo que es la Resurrección y la Vida, y que vive y reina por siempre jamás. *Amén.*

La visión de Elifáz de Temán

Job 4:12-21
Salmo 13, *o* Salmo 108:1-6

Oremos. *(Silencio)*

Tú, oh Señor, nos has hecho del polvo de la tierra y nuestro cuerpo al polvo regresará; con todo, tú nos has dado tu Espíritu y nos has llamado a una nueva vida en ti: Ten misericordia de nosotros ahora y en la hora de la muerte; por Jesucristo, nuestro mediador y abogado. *Amén.*

El valle de los huesos secos

Ezequiel 37:1-14
Salmo 143:1-11

Oremos. *(Silencio)*

Oh Dios, tú has llamado a tu pueblo para servirte continuamente. No nos entregues a la muerte, sino levántanos para servirte, para alabarte y para glorificar tu santo Nombre; por Jesucristo nuestro Señor. *Amén.*

La batalla en el cielo

Apocalipsis 12:(1-6) 7-12
Salmo 103:17-22, *o* Cántico 1 (partes I y IV),
o Cántico 12 (Invocación, parte III, Doxología).

Oremos. *(Silencio)*

Oh Dios misericordioso y poderoso, tu Hijo Jesucristo nació de la virgen María para salvarnos y para establecer tu Reino en la tierra: Permite que San Miguel y todos tus ángeles defiendan a tu pueblo de Satanás y de todo enemigo maligno, y que al final lleguemos a ese país celestial donde tus santos cantan tu alabanza para siempre; por Jesucristo nuestro Señor. *Amén.*

Después de las lecturas puede seguir una homilía, sermón o instrucción.

El rito termina cantando el Te Deum laudamus, o algún otro cántico de alabanza, el Padre Nuestro, la colecta del día de Todos los Santos, y la bendición o la despedida.

Ritos Pastorales

Bienvenida a nuevas personas a la congregación

Si se desea dar una bienvenida pública a personas nuevas a la congregación, se sugiere que se presenten de la siguiente manera:

Inmediatamente antes de la Paz, se pide a las nuevas personas que pasen al frente para que sean presentadas brevemente a la congregación, preferiblemente por un feligrés.

Luego el Celebrante comienza el intercambio de la Paz, durante la cual los que han sido presentados a la congregación son saludados, si es conveniente, por el Celebrante y por los feligreses de la misma.

Despedida de feligreses que dejan la congregación

Cuando haya feligreses que se marchen de la congregación, es conveniente que el último domingo que asistan a la iglesia, antes de la Oración de los Fieles se indique ésto, y se ore por ellos mencionándoles por nombre.

Durante el intercambio de la Paz, o al final de la Eucaristía, tanto el Celebrante como los funcionarios de la congregación los saludan.

Lo concerniente al catecumenado

El catecumenado es un período de instrucción y capacitación en el entendimiento cristiano de Dios, las relaciones humanas y el significado de la vida que culmina con la recepción del sacramento de iniciación cristiana.

La instrucción y formación sistemática de sus catecúmenos es una solemne responsabilidad de la comunidad cristiana. Tradicionalmente, la preparación de los catecúmenos es responsabilidad del obispo, que la comparte con los presbíteros, diáconos y catequistas laicos de la diócesis.

Principios de implementación

1. Se define a un catecúmeno como a una persona adulta que no ha sido bautizada. Estos ritos son apropiados para que se usen sólo con tales personas.

2. Durante el período del catecumenado el contexto de la catequesis es una reflexión continua de la Escrituras, oración, adoración y los dones del catecúmeno para el ministerio y obras de justicia y paz. Estos elementos son más o menos parte de cada sesión catequética.

3. El currículo principal de cada sesión catequética es la reflexión en las repectivas lecturas del Leccionario Eucarístico dominical en la medida que éstos iluminan la jornada de fe de los catecúmenos, padrinos y catequistas.

4. La metodología catequética de los ritos bautismales y catecumenales es: experiencia primero y reflexión después. En la medida en que el

catecúmeno va del auto-exámen al bautismo, se forma la habilidad de discernir la actividad divina en los eventos de la propia vida. Se recomienda que los ritos no sean discutidos antes de celebrarse. Es apropiado que los padrinos estén bien preparados para su ministerio en los respectivos ritos y que guíen y respalden a sus catecúmenos durante la celebración.

5. El catecumenado se mantiene a través del año en la parroquia y se pueden admitir candidatos en cualquier tiempo. El catecumenado es de un período indeterminado para cada catecúmeno. Los padrinos, catequistas y el clero en nombre de la congregación local determinarán el tiempo apropiado para la candidatura al bautismo. El bautismo de los catecúmenos normalmente se lleva a cabo durante la gran vigilia Pascual.

6. Ya que el catecumenado es formación eclesial para el ministerio de los bautizados, es apropiado que los catequistas representen a las distintas congregaciones locales.

7. Es apropiado que los catecúmenos bautizados durante la gran vigilia Pascual se unan al ministerio de padrinos y catequistas de nuevos catecúmenos al término de los cincuenta días de Pascua.

El catecumenado está dividido en tres etapas.

Primera etapa. Período precatecumenal. A esta etapa corresponden las clases de iniciación, las cuales se preparan debidamente y permiten que las personas decidan hacerse cristianas. Es un período de tiempo en el cual a los que han sido atraídos por la comunidad cristiana, se les dirige para que examinen y pongan a prueba sus razones, con el fin de que libremente se comprometan a investigar de forma disciplinada lo que implica la vida cristiana.

Segunda etapa. El catecumenado. El ingreso al catecumenado se hace en un acto litúrgico público (el cual se puede celebrar para una persona o para un grupo de personas), y en cualquier tiempo durante la liturgia principal del domingo. Normalmente, el acto incluye la signación de la cruz. Corresponde a esta etapa que los catecúmenos se asocien con la comunidad cúltica, la práctica de la vida de acuerdo con el Evangelio (incluyendo el servicio a los pobres y necesitados), la instrucción y el fomento de la vida de oración, y la instrucción fundamental en la historia de la salvación según está revelada en las Sagradas Escrituras del Antiguo y Nuevo Testamentos. El período de tiempo de esta etapa varía según la necesidad de las personas. Para aquellos individuos que, sin ser bautizados, tienen ya un conocimiento y una apreciación de la religión cristiana, esta etapa puede ser relativamente corta.

Toda persona que vaya a ser admitida como catecúmeno, ha de ser presentada por un padrino que normalmente la acompaña durante el proceso catecumenal y en el Santo Bautismo será su padrino.

La admisión al catecumenado es el momento propicio para escoger el nombre con el cual se desea que se le llame en la comunidad cristiana. Este puede ser el nombre propio, o un nombre que se cambie legalmente, o un nombre adicional que tenga un significado cristiano.

Desde el momento de su admisión al catecúmeno se le considera como parte de la comunidad cristiana. Por ejemplo, una persona que muera durante el catecumenado, recibirá cristiana sepultura.

Tercera etapa. Candidatura para el Bautismo. A esta etapa corresponde una serie de actos litúrgicos que conducen al Bautismo. Estos actos se celebran ordinariamente en domingos sucesivos antes del día del Bautismo, e incluyen oraciones por los candidatos, quienes en grupo estarán presentes en los oficios acompañados de sus padrinos. Cuando el sacramento del Santo Bautismo se administre el día de Pascua de Resurrección, el inicio del candidato normalmente comienza con la Cuaresma; cuando los bautismos se planean para el día del Bautismo de nuestro Señor Jesucristo, la inscripción de los candidatos comienza al principio de la estación de Adviento.

Además de estos actos públicos, esta etapa incluye la práctica de disciplinas privadas tales como el ayuno, el exámen de conciencia y oración, con el fin de que los candidatos estén preparados para el Bautismo, tanto espiritual como emocionalmente. Es conveniente que, de acuerdo con una costumbre antigua, los padrinos apoyen a sus ahijados en la oración y en el ayuno.

Un cuarto período sigue inmediatamente a la administración del Santo Bautismo. En el caso de personas bautizadas durante la gran vigila Pascual, este período se extiende hasta los cincuenta días de Pascua. Este período está dedicado a actividades formales e informales que tiendan a ayudarles a experimentar la plenitud de la vida comunitaria de la Iglesia y a ganar un entendimiento más profundo del significado de los sacramentos.

El obispo, su representante o el rector (o presbítero encargado) de la congregación, debe presidir los ritos de admisión y candidatura.

Debe de tenerse en cuenta que los ritos y oraciones que siguen son apropiados únicamente para personas que se están preparando para el Bautismo. Los cristianos legítimamente bautizados, que estén presentes en las clases de instrucción con el fin de ahondar su conocimiento de la fe, incluyendo los feligreses de otras denominaciones cristianas que se estén preparando para ser recibidos en la Iglesia Episcopal, bajo ninguna circunstancia deben considerarse como catecúmenos. Lo mismo acontece con aquellas personas que hayan abandonado la práctica de la religión cristiana y que se estén preparando para la reafirmación de los votos bautismales, puesto que "el vínculo que Dios establece en el Bautismo es indisoluble" (Libro de Oración Común, página 218).

Preparación de adultos para el Santo Bautismo: El catecumenado

Admisión de catecúmenos

La admisión de catecúmenos puede efectuarse en cualquier momento del año y en la liturgia principal del domingo.

Después del sermón (o después del Credo), el Celebrante invita a los candidatos al catecumenado a que pasen al frente con sus padrinos.

Luego el Celebrante hace las siguiente preguntas a los que van a ser admitidos. Si se desea, cada persona puede ser interrogada individualmente.

¿Qué buscas?

Respuesta La vida en Cristo.

Luego el Celebrante dice:

Jesús dijo: "El primer mandamiento es éste: 'Oye, Isarel: El Señor nuestro Dios es el único Señor. Amarás al Señor tu Dios con todo el corazón, con toda tu alma, y con todas tus fuerzas'". Y el segundo es éste: "Amarás a tu prójimo como a ti mismo. No hay manadamiento mayor que éstos". ¿Aceptas estos mandamientos?

Respuesta	Sí.
Celebrante	¿Prometes una asistencia asidua al culto divino y a la instrucción catecumenal?
Respuesta	Sí.
Celebrante	¿Estará presto tu oído para escuchar la Palabra de Dios y tu corazón y mente para recibir al Señor Jesús?
Respuesta	Sí, con la ayuda de Dios.

Luego el Celebrante se dirige a los padrinos.

Ustedes padrinos de estas personas, ¿respaldarán con la oración y con el ejemplo, y les ayudarán en el conocimiemto y amor de Dios?

Padrinos	Lo haremos.

Los que van a ser admitidos se arrodillan. Los padrinos permanecen de pie y colocan una mano sobre el hombro de su ahijado, mientras que el Celebrante extiende su mano sobre ellos y dice:

Que el Dios todopoderoso, nuestro Padre Celestial, que ha puesto en sus corazones el deseo de buscar la gracia de nuestro Señor Jesucristo, les conceda el poder del Espíritu Santo para perseverar en esta intención y para crecer en la fe y en el entendimiento.

Pueblo Amén.

Todos los que van a ser admitidos son presentados por nombre al Celebrante, quien a su vez hace la señal de la Cruz sobre la frente de cada uno de ellos, diciendo:

N., recibe la señal de la Cruz en tu frente y en tu corazón, en el Nombre del Padre, y del Hijo y del Espíritu Santo.

Pueblo Amén.

Los padrinos también signan en la frente a sus catecúmenos.

Los catecúmenos y sus padrinos regresan a sus asientos.

La liturgia continúa con (el Credo y) la Oración de los Fieles, durante la cual se ora por los catecúmenos, mencionados por nombre.

Si cualquier catecúmeno, después de haber consultado con el Celebrante, desea renunciar a alguna forma anterior de culto, una renuncia apropiada debe seguir la primera pregunta y respuesta.

Durante el catecumenado

Durante este período, y continuando con el período de la candidatura, se da una instrucción formal a los catecúmenos. Al concluir cada sesión, se observa un período de silencio, durante el cual los catecúmenos oran por sí mismos y los unos por los otros. Los padrinos y otras personas bautizadas presentes oran por los catecúmenos. Entonces el instructor dice una o dos de las siguientes oraciones, o alguna otra apropiada y termina imponiendo la mano en silencio sobre la cabeza de cada uno de los catecúmenos. Es costumbre que este acto lo haga el instructor, bien sea obispo, presbítero, diácono o catequista laico.

1

Oh Dios, creador y salvador de todo el género humano, mira con misericordia a estos tus hijos que has llamado amorosamente. Limpia sus corazones y guárdalos, mientras se preparan para recibir tus Sacramentos, para que, dirigidos por tu Santo Espíritu, puedan unirse con tu Hijo y participar de la herencia de tus hijos e hijas; por Jesucristo nuestro Señor. *Amén.*

2

Oh Dios de verdad, de belleza y de bondad, te damos gracias porque desde el principio de la creación te has revelado en las cosas que has hecho, y porque en cada nación, cultura y lengua ha habido quienes, viendo tus obras, te han rendido culto y han cumplido con tu voluntad. Acepta nuestras oraciones por éstos tus siervos que has llamado para que te conozcan y te amen según te has revelado perfectamente en tu Hijo Jesucristo nuestro Redentor, y llévalos con gozo al nuevo nacimiento en las aguas del Bautismo; por Jesucristo nuestro Señor. *Amén.*

3

Oh Dios de justicia y verdad, tú iniciaste tu victoria sobre las fuerzas del engaño y el pecado con el Adviento de tu Hijo: Concede a estos catecúmenos crecer en el entendimiento de la verdad tal como la vemos en Jesús, y concédeles que siendo limpios del pecado y renacidos en las aguas del Bautismo, glorifiquen con nosotros la grandeza de tu Nombre; por Jesucristo nuestro Señor. *Amén.*

4

Oh Dios, en tu compasión viste al mundo caído y enviaste a tu unigénito Hijo para derrotar los poderes malignos. Libra a éstos tus siervos de la esclavitud del pecado y el mal. Purifica sus deseos y pensamientos con la luz de tu Espíritu Santo. Aliméntales con tu Santa Palabra, fortaléceles en la fe y confírmales en las buenas obras; por Jesucristo nuestro Señor. *Amén.*

5

Señor, contempla en tu misericordia a estos catecúmenos que ahora van a ser instruídos en tu Santa Palabra. Abre sus oídos para oír y sus corazones para obedecer. Recuérdales los pecados cometidos contra ti y contra su prójimo, para que verdaderamente se arrepienten de ellos. Y en tu misericordia presérvales en la decisión de buscar tu reino y tu justicia; por Jesucristo nuestro Señor. *Amén.*

6

Señor Dios, ahuyenta de estos catecúmenos toda señal de maldad. Protégeles del maligno. Llévales a las aguas salvíficas del Bautismo, y hazles tuyos para siempre; por Jesucristo nuestro Señor. *Amén.*

7

Señor Jesucristo, amante Redentor de todos, solo tú tienes el poder para salvar. En tu Nombre se dobla toda rodilla en el cielo, en la tierra o debajo de la tierra. Oramos por estos catecúmenos que buscan servirte, el único Dios verdadero. Envía tu luz a sus corazones, protégeles del odio del maligno, sánales las heridas del pecado y fortaléceles contra la tentación. Dales amor por tus mandamientos y valor para vivir siempre en tu Evangelio, y así prepárales para recibir tu Espíritu; tú que vives y reinas por los siglos de los siglos. *Amén.*

8

Dios misericordioso, contempla y sostén estos catecúmenos que anhelan conocerte plenamente: Líbrales de las garras de Satanás y hazles valientes para que renuncien a todo deseo pecaminoso que les seduzca a dejar de amarte, a fin de que, yendo por la fe al Sacramento del Bautismo, puedan rendirse a ti, recibir el sello del Espíritu Santo, y compartir con nosotros el sacerdocio eterno de Jesucristo nuestro Señor. *Amén.*

9

Señor Dios, luz que no se apaga y fuente de luz, por la muerte y resurrección de tu Cristo has desterrado el odio y el engaño y has derramado sobre la familia humana la luz de la verdad y del amor: Contempla a estos catecúmenos a quienes has llamado para participar en tu pacto, líbrales del poder del príncipe de las tinieblas, y cuéntales entre los hijos de la promesa; por Jesucristo nuestro Señor. *Amén.*

10

Despierta, oh Señor, las voluntades de estos catecúmenos, y ayúdales con tu gracia, para que puedan producir frutos abundantes de buenas obras y recibir de ti una rica recompensa; por Jesucristo nuestro Señor. *Amén.*

Inscripción de los candidatos para el Bautismo

La inscripción de los candidatos para el Bautismo en la gran vigilia Pascual, por lo general se lleva a cabo el primer domingo en Cuaresma. Para aquellos que se preparan para el Bautismo en la Fiesta del Bautismo de Nuestro Señor, la inscripción se lleva a cabo el primer domingo de Adviento.

El libro de registros donde se inscribe el nombre de los candidatos al Bautismo se coloca donde se pueda ver y usar fácilmente.

Después del Credo, los catecúmenos que van a iniciarse van al frente con sus padrinos.

Un catequista u otro representante laico de la congregación los presenta al obispo o presbítero, diciendo las siguientes o similares palabras:

Le presento a estos catecúmenos que han sido fortalecidos con la gracia de Dios, respaldados por el ejemplo y oraciones de esta congregación, y le pido que sean inscritos como candidatos para el Santo Bautismo.

El Celebrante pregunta a los padrinos:

¿Han sido asiduos tanto a los oficios divinos como en recibir la instrucción?

Padrinos Sí.

Celebrante ¿Anhelan por medio de la oración, el estudio y el testimonio modelar sus vidas de acuerdo con el Evangelio?

Padrinos Sí.

El Celebrante pregunta a los padrinos y a la congregación:

Siendo Dios su testigo, ¿aprueban ustedes de estos catecúmenos como candidatos para el Santo Bautismo?

Respuesta Sí.

El Celebrante se dirige a los catecúmenos:

¿Desean ser bautizados?

Catecúmenos Sí.

Entonces el Celebrante dice:

En el Nombre de Dios, y con el consentimiento de esta congregación, les acepto como candidatos para el Santo Bautismo y ordeno que sus nombres se inscriban en este libro. Dios conceda que también sean inscritos en el Libro de la Vida.

Entones los candidatos escriben públicamente sus nombres en el libro; o, si es necesario, alguna persona los puede escribir. Cada nombre, al escribirse, se pronuncia en voz alta. Los padrinos también pueden firmar el libro.

Los candidatos permanecen al frente mientras el diácono u otra persona indicada dirige la siguiente letanía:

En paz oremos al Señor diciendo: "Señor, ten piedad".

Por estos catecúmenos, para que puedan recordar este día en el cual fueron escogidos, y siempre permanezcan agradecidos por esta bendición celestial, oremos al Señor.
Señor, ten piedad.

Para que empleen esta estación cuaresmal sabiamente, uniéndosenos en actos de abnegación y en obras de misericordia, oremos al Señor.
Señor, ten piedad.

Por sus maestros, para que puedan hacer ver a los que enseñan las riquezas de la Palabra de Dios, oremos al Señor.
Señor, ten piedad.

Por sus padrinos, para que en su vida privada y comportamiento público puedan mostrar a estos candidatos una norma de vida de acuerdo con el Evangelio, oremos al Señor.
Señor, ten piedad.

Por sus familias y amigos, para que no pongan ningún obstáculo en la vida de estos candidatos, sino que, les ayuden a seguir los dictados del Espíritu, oremos al Señor.
Señor, ten piedad.

Por esta congregación, para que [durante este tiempo de Cuaresma] pueda abundar en amor y perseverar en oración, oremos al Señor.
Señor, ten piedad.

Por nuestro obispo, y por todos los clérigos y laicos, oremos al Señor.
Señor, ten piedad.

Por nuestro presidente, por los gobernantes de las naciones y por todas las autoridades, oremos al Señor.
Señor, ten piedad.

Por los enfermos y angustiados, por los necesitados y los atribulados, oremos al Señor.
Señor, ten piedad.

Por _______ , oremos al Señor.
Señor, ten piedad.

Por todos los que han muerto en la esperanza de la resurrección y por todos los difuntos, oremos al Señor.
Señor, ten piedad.

En la comunión de [_______ y de todos] los santos, encomendémonos los unos a los otros, y toda nuestra vida a Cristo nuestro Dios.
A ti, oh Señor nuestro Dios.

El Celebrante dice la siguiente oración con las manos extendidas sobre los candidatos:

Dios inmortal, Señor Jesucristo, protector de todo el que a ti llega, vida de los que creen, y resurrección de los muertos: Oramos por estos tus siervos que desean la gracia del renacimiento espiritual en el Sacramento del Bautismo. Acéptales, Señor Jesucristo, como has prometido cuando dijiste: "Pidan y se les dará; busquen, y hallarán; llamen, y se les abrirá". Oramos para que des a los que piden, permite que los que buscan encuentren, y que se abra la puerta a los que llaman; que estos tus siervos puedan recibir la bendición eterna de tu lavamiento celestial, y vayan a ese reino prometido que tú has preparado en donde vives y reinas por los siglos de los siglos. *Amén.*

Luego los candidatos regresan a sus asientos y la liturgia continúa con la Confesión del Pecado o con la Paz.

Durante la candidatura para el Bautismo

Los domingos que preceden a su bautismo, los candidatos asisten al culto con sus padrinos, y en la Oración de los Fieles se ora tanto por los candidatos como por los padrinos, mencionándoles por nombre. (Cuando se usa la Plegaria Eucarística D, es conveniente que los nombres se inserten en el lugar que se indica en dicha oración).

Además, se pueden usar las siguientes oraciones y bendiciones inmediatamente antes de la Oración de los Fieles, especialmente en el tercero, cuarto y quinto domingo de Cuaresma (o el segundo, tercero, y cuarto domingo de Adviento). Cuando se usen estas oraciones, los candidatos y padrinos pasan al frente. Los candidatos se arrodillan o inclinan la cabeza. Cada padrino coloca una mano sobre el hombro de su candidato.

Luego el Celebrante invita al pueblo a orar con éstas u otras palabras similares:

Queridos hermanos, oremos en silencio por estos candidatos que se están preparando para recibir la iluminación del Espíritu Santo en el sacramento del Bautismo.

Todos oran en silencio.

El Celebrante dice una de las siguientes oraciones:

Señor Dios, en el principio creaste la luz para disipar las tinieblas que estaban sobre la faz del abismo: Libra a estos tus siervos de los poderes del mal, e ilumínales con la luz de tu presencia, para que con ojos abiertos y corazones alegres puedan adorarte y servirte, ahora y siempre; por Jesucristo nuestro Señor. *Amén.*

o ésta:

Cristo Señor, Luz verdadera que ilumina a todo el mundo: Brilla, oramos, en los corazones de estos candidatos, para que puedan ver claramente el camino que conduce a la vida eterna, y puedan seguirlo sin tropiezo; porque tú eres el Camino, oh Cristo, así como eres la Verdad y la Vida; y vives y reinas por los siglos de los siglos. *Amén.*

o ésta:

Ven, oh Espíritu Santo, ven como el viento y limpia; ven como el fuego y quema; convence, convierte y consagra la mente y corazón de estos tus siervos, para mayor bien y para tu mayor gloria; quien con el Padre y el Hijo son un solo Dios, ahora y por siempre. *Amén.*

El Celebrante, en silencio, impone una mano sobre cada candidato.

Luego el Celebrante añade una de las siguientes bendiciones:

Que Dios todopoderoso les conceda la bendición de su misericordia y les dé el entendimiento de la sabiduría que conduce a la salvación. *Amén.*

o ésta:

Que Dios todopoderoso guarde sus pasos para que no se aparten del camino de la verdad, y les conduzca por los senderos de paz y amor; por Cristo nuestro Señor. *Amén.*

o ésta:

Que Dios todopoderoso les sustente con el conocimiemto verdadero de la fe católica, y conceda que perseveren en toda buena obra; por Cristo nuestro Señor. *Amén.*

Los candidatos y padrinos regresan a sus sitios y la liturgia continúa.

Rúbricas adicionales

1. Cuando haya catecúmenos que sean candidatos para el bautismo en la gran vigilia Pascual, es apropiado, con el permiso del obispo, usar en cualquier año, el leccionario A durante Cuaresma y los cincuenta días de Pascua.

2. En las parroquias donde los catecúmenos son despedidos de la Eucaristía dominical, es apropiado que esto se haga después del sermón. El Celebrante debe despedirles con una bendición y comisionarlos a estudiar la Palabra que han recibido. Los padrinos y catequistas deben acompañar a los catecúmenos al lugar indicado para la sesión catequética.

3. Es apropiado que se dé a los candidatos al bautismo el Credo de los Apóstoles (o el Niceno) el tercer domingo de Cuaresma, y el Padre Nuestro el quinto domingo de Cuaresma, después de la "Oraciones por los candidatos al Bautismo" de esos domingos.

Vigilia para la víspera del Bautismo

Cuando se desee celebrar una vigilia en la víspera de la visita del obispo, o en otra ocasión en preparación para la administración del Bautismo en el oficio principal dominical, se puede usar el siguiente ordinal.

La vigilia comienza con la Liturgia de la luz, página 205 del Libro de Oración Común, y continúa después del Phos hilaron con la salutación y la colecta. Antes del Evangelio se leen tres o más lecciones señaladas, cada una de ellas seguida por un período de silencio y un salmo, cántico o himno.

Si la vigilia se celebra en la víspera del Pentecostés, el día de Todos los Santos o el domingo siguiente, o el día del Bautismo de Nuestro Señor, se usan la colecta propia, salmos y lecciones señaladas para esas vigilias. En otras ocasiones se puede escoger una colecta apropiada y las lecturas de entre las siguientes:

La narración del diluvio

Génesis (7:1-15, 11-18) 8:6-18; 9:8-13
Salmo 25:3-9, *o* Salmo 46

La narración del pacto

Exodo 19:1-9a, 16-20a; 20:18-20

La salvación gratuita para todos

Isaías 55:1-11
Cántico 9

Un corazón nuevo y un espíritu nuevo

Ezequiel 36:24-28
Salmo 42

El valle de los huesos secos

Ezequiel 37:1-14
Salmo 30, *o* Salmo 143

Bautizados en su muerte

Romanos 6:3-5

o **Somos hijos de Dios**

Romanos 8:14-17

o **Ahora es el día de la salvacón**

2 Corintios 5:17-20

El Bautismo de Jesús

San Marcos 1:1-6

Se debe nacer de nuevo

San Juan 3:1-6

o **La Resurrección y Gran Comisión**

San Mateo 28:11-10, 16-20

Después del Evangelio (y homilía) los candidatos y sus padrinos pasan al frente. Los candidatos se arrodillan o inclinan la cabeza. Los padrinos ponen una mano sobre el hombro de su candidato. Entonces en silencio el Celebrante impone una mano sobre la cabeza del candidato.

El Celebrante dice entonces una de las siguientes fórmulas de oración, después de que se haya cantado un himno. El oficio concluye con una bendición, despedida o ambas.

Fórmula 1

Santa Trinidad, un solo Dios, sé presente mañana en la pila bautismal por amor de estos tus siervos. *Amén.*

Al invocar tu grandioso Nombre, que el Espíritu dador de vida santifique el agua. *Amén.*

Que el viejo Adán sea sepultado y el nuevo sea levantado. *Amén.*

Que se rompan las cadenas del mal y se revele el poder del Espíritu. *Amén.*

Quita de estos tus siervos las sucias y andrajosas vestiduras de pecado, y vísteles con las ropas blancas de la inmortalidad. *Amén.*

Permite que los que en la pila bautismal renuncian a Satanás y a todo poder maligno, reciban la foratleza para vencer la tentación. *Amén.*

Todo el que allí te confiese como Señor, acéptale, oh Señor, en tu reino. *Amén.*

Dirígeles con alegría de la pila bautismal al altar, y prepárales un lugar en el banquete celestial. *Amén.*

Destierra en todos el temor de la muerte, y dales una fe segura en tus promesas. *Amén.*

Enséñales a negarse a sí mismos por causa de tu Evangelio, para que nunca te pierdan, pues eres su tesoro eterno. *Amén.*

Que todo el que por el ministerio de tu Santa Iglesia se dedique a ti, esté siempre a ti unido y reciba la recompensa eterna. *Amén.*

Concede ésto por tu misericordia, oh Dios, porque eres Señor de todo, y eres bendito sobre todas las cosas. *Amén.*

Fórmula 2

Señor Jesucristo, tú deseas que todo el que te siga, nazca otra vez al agua y al Espíritu:

Recuerda a tus siervos (*N.N.*) que mañana van a ser bautizados en tu Nombre.

Señor, por sus nombres:

Recuérdales y llámales a una vida de servicio. *Amén.*

Concede que lleguen a ser las personas que tú deseaste al crearlas. *Amén.*

Concede que sus nombres estén escritos para siempre en el Libro de la Vida. *Amén.*

Señor, por el agua de sus bautismos:

Concede que estén unidos contigo en su muerte. *Amén.*

Concede que puedan recibir el perdón de sus pecados. *Amén.*

Concede que tengan poder para perseverar, y fortaleza para lograr la victoria en la batalla de la vida. *Amén.*

Señor, como miembros de tu Iglesia:

Concede que puedan sufrir cuando otros sufran, y se regocijen cuando otros se regocijen. *Amén.*

Concede que puedan ser tus fieles soldados y siervos hasta el fin de sus vidas. *Amén.*

Señor, por la continua presencia de tu Espíritu:

Concédeles vivir el resto de sus vidas como ahora las han iniciado. *Amén.*

Concédeles que al pasar por las sombrías aguas de la muerte, tú estés con ellos. *Amén.*

Concédeles que puedan heredar el reino de gloria preparado para ellos desde la fundación del mundo. *Amén.*

A ti, Cristo Señor, con el Padre y el Espíritu Santo, sea honor y gloria en la Iglesia, ahora y por siempre. *Amén*

Lo concerniente a la reafirmación de los votos bautismales

Esta serie de ritos y etapas de preparación sigue un proceso semejante al del catecumenado con el fin de preparar a personas maduras bautizadas para reafirmar su pacto bautismal y recibir la imposición de manos del obispo. Es también adecuado para las personas ya confirmadas que deseen pasar un tiempo de renovación disciplinada del pacto bautismal y para los que se han trasladado a una nueva congregación.

Sin embargo, es importante advertir que esto no es el catecumenado, que se aplica tan sólo a los no bautizados. En algunas congregaciones puede ser deseable, debido a la limitación de recursos, que los catecúmenos y los que han sido previamente bautizados asistan juntos a las reuniones durante cada una de las etapas. No obstante, debe tomarse cuidado en subrayar la plena y completa identidad cristiana de los bautizados. Por esta razón, los ritos del catecumenado no son adecuados para ellos. Durante las reuniones, las oraciones de los bautizados deben reconocer su bautismo. Buenos ejemplos de tales oraciones se encuentran en las colectas diarias para los cincuenta días de la Pascua en *Festividades menores y días de ayuno*. Cuando participan de las reuniones de los catecúmenos, los bautizados pueden justamente ser considerados como asistentes a la catequesis.

Hay tres etapas de preparación y formación, cada una de las cuales concluye con un rito como transición. Un período final luego del tercer rito lleva a la Reafirmación del Pacto Batismal en la gran vigilia Pascual y la presentación del candidato al obispo para confirmación, recepción o compromiso con el servicio cristiano, durante los cincuenta días de Pascua. A través de todo ese proceso, el candidato es evaluado por la comunidad como un ejemplo vivo de nuestra común necesidad de reexaminar y reafirmar nuestro pacto bautismal, y como modelo de conversión. Finalmente, los ritos intentan usar plenamente el lenguaje simbólico de la liturgia que ahora existe, mediante el uso de acciones y símbolos físicos así como de palabras.

Primera etapa. Un período de indagación destinado a compartir experiencias y a dar a las personas suficiente información acerca de la fe y práctica cristianas y de la vida de la comunidad local, de manera que puedan determinar si desean entrar en un período disciplinado de formación madura en la historia de los hechos de Dios, en la oración, el culto y el servicio. Al final de este período, se eligen uno o más patrocinadores de la congregación local.

RITO UNO Página 160

La recepción de cristianos bautizados en una comunidad

Segunda etapa. Este es un período más largo durante el cual los que están formándose, junto con los padrinos, catequistas y otros miembros de la comunidad, se dedican a una exploración más profunda de la fe y el ministerio.

Este período de formación se basa en un modelo de experiencia así como sigue un período de reflexión. Las personas bautizadas exploran los significados del bautismo y el pacto bautismal, al tiempo que disciernen el tipo de servicio al que Dios las llama en el contexto de la comunidad local. Los padrinos y los catequistas, a su vez, les adiestran y les sostienen en ese servicio y les ayudan a reflexionar teológicamente sobre su experiencia del ministerio mediante el estudio de las escrituras, en la oración y en el culto. Se dedican largos períodos de tiempo haciendo labor de ministerio reflexionando sobre él con los catequistas y padrinos.

Los candidatos bautizados toman parte en la Eucaristía, incluyendo la recepción de la Santa Comunión, a menos que lo impida una disciplina penitencial.

Este rito también puede usarse para recibir a personas bautizadas que se trasladan de otras congregaciones de esta Iglesia.

RITO DOS Página 164

El llamado de los bautizados a la continua conversión

Tercera etapa. Esta es una etapa de preparación inmediata para la reafirmación del Pacto Bautismal en la gran vigilia Pascual. Los candidatos se concentran en las disciplinas cuaresmales y su papel en la ministración de otros. En sus reuniones de grupo, los candidatos a la reafirmación comparten sus actuales experiencias de conversión, especialmente con los catecúmenos que se están preparando para el bautismo, y exploran más profundamente la vida de oración y ministerio.

RITO TRES Página 167

Rito para las personas bautizadas el Jueves Santo y que están en preparación para los días santos de Pascua

Los bautizados reafirman su pacto bautismal en la gran vigilia Pascual. Cabe que ellos se unan a los bautizados en la misma vigilia en la catequesis posbautismal durante los cincuenta días de Pascua. Si el obispo no estuviere presente en la vigilia, los bautizados son presentados al obispo para la imposición de manos, preferiblemente durante los cincuenta días como corresponde.

Preparación de las personas bautizadas para la reafirmación del pacto bautismal

La recepción de los cristianos bautizados en una comunidad

Este rito se usa en la Eucaristía principal del domingo. Se estipula para las personas bautizadas que han estado indagando acerca de la vida en la comunidad y para las personas bautizadas que son trasladadas de otra congregación de esta Iglesia. Los que deseen proseguir una exploración disciplinada de las implicaciones de la vida cristiana son aceptados por la comunidad e invitados a comenzar este proceso.

Durante la Oración de los Fieles, se ora por los que van a ser recibidos, mencionando a cada uno de ellos por su nombre.

Luego de la Oración de los Fieles, el Guardián Mayor u otro representante de la congregación presenta los bautizados al Celebrante con estas u otras palabras similares:

N., te presentamos a estas personas (o a *N.*, *N.*,) que son miembros bautizados del Cuerpo de Cristo, y los recibimos en nuestra comunidad al emprender ellos un proceso de crecimiento en el significado del Bautismo.

Celebrante *(a cada persona bautizada)* ¿Qué buscas?

Respuesta Renovación de mi vida en Cristo.

Celebrante En el Bautismo, has muerto con Cristo Jesús a las fuerzas del mal y has resucitado a una nueva vida como miembro de su Cuerpo. ¿Estudiarás las promesas hechas en tu Bautismo, y te esforzarás por cumplirlas en compañía de esta comunidad y el resto de la Iglesia?

Respuesta Así lo haré, con el auxilio de Dios.

Celebrante ¿Participarás regularmente con nosotros del culto de Dios, para oír su palabra y celebrar el misterio de la muerte y resurrección de Cristo?

Respuesta Así lo haré, con el auxilio de Dios.

Celebrante ¿Te unirás a nosotros en nuestra vida de servicio a los pobres, marginados o desvalidos?

Respuesta Así lo haré, con el auxilio de Dios.

Celebrante	¿Te esforzarás en reconocer los dones que Dios te ha dado y discernir cómo han de usarse en la edificación del reino de Dios de paz y justicia?
Respuesta	Así lo haré, con el auxilio de Dios.
Celebrante	*(a los padrinos, compañeros o amigos)* Ustedes han sido elegidos por estas personas. ¿Las apoyarán con oración y con el ejemplo y las ayudarán a crecer en el conocimiento y amor de Dios?
Padrinos	Así lo haremos, con el auxilio de Dios.
Celebrante	*(a la congregación)* Ustedes, que son testigos de este nuevo comienzo, ¿mantendrán en sus oraciones a (*N.*, *N.*,) y les ayudarán, compartirán con ellos su ministerio, llevarán sus cargas, y les perdonarán y alentarán?
Pueblo	Así lo haremos, con el auxilio de Dios.

Los nuevos miembros permanecen de pie. Los padrinos les ponen una mano en el hombro.

Celebrante	*(extendiendo ambas manos hacia los bautizados)* Bendito seas tú, Dios nuestro, Hacedor nuestro, porque tú nos formas a tu imagen y nos restauras en

Jesucristo. En el bautismo, *N.*, *N.*, fueron enterrados con Cristo y resucitados a una nueva vida en él. Renuévalos en tu Santo Espíritu, que puedan crecer como miembros de Cristo. Fortalece su unión con el resto de su Cuerpo al tiempo que se unen a nosotros en nuestra vida de oración y servicio, mediante nuestro Salvador Jesucristo, que vive y reina contigo y el Espíritu Santo, ahora y por siempre.

Todos Amén.

En presencia de todos, los bautizados escriben sus nombres en el registro de bautizados de la iglesia. El Diácono o un padrino dice los nombres según los escriben.

Celebrante Sírvanse recibir a los nuevos miembros de la comunidad.

Pueblo Los reconocemos como miembros de la familia de Dios. Confiesen la fe de Cristo crucificado, proclamen su resurrección, y participen con nosotros de su eterno sacerdocio.

El oficio continúa con el rito de la Paz. Cabe a los nuevos miembros saludar a tantos fieles como les sea posible. Algunos también pueden leer las lecciones, presentar el Pan y el Vino, y desempeñar otras funciones litúrgicas para las cuales hayan sido previamente investidos.

El llamado de los bautizados a la continua conversión

Este rito se usa en el oficio principal del Miércoles de Ceniza. En él, a las personas bautizadas que han estado explorando el alcance de su pacto bautismal y se preparan para reafirmarlo en la próxima vigilia Pascual, la congregación las reconoce como ejemplos de conversión en su camino hacia la Pascua.

Después de la bendición de la ceniza y antes de su imposición, el guardián mayor u otro representante de la congregación presenta los bautizados al Celebrante con éstas u otras palabras similares:

N. Te presentamos a *N.*, *N.*, quienes han madurado en la comprensión de su llamado como cristianos entre nosotros y que ahora desean emprender una preparación más intensa para renovar su pacto bautismal esta próxima Pascua.

Celebrante ¿Han estudiado las promesas hechas en su Bautismo y se han esforzado en cumplirlas en compañía de esta comunidad y el resto de la Iglesia?

Padrinos Así lo han hecho.

Celebrante ¿Han asistido regularmente a los cultos para oír la palabra de Dios y celebrar el misterio de la muerte y resurrección de Cristo?

Padrinos Así lo han hecho.

Celebrante ¿Han participado con nosotros en nuestra vida de servicio a los pobres, los marginados y los desvalidos?

Padrinos Así lo han hecho.

Celebrante ¿Se han esforzado en reconocer los dones que Dios les ha dado y en discernir cómo han de usarlos en la edificación del reino de Dios de paz y justicia?

Padrinos Así lo han hecho.

Celebrante *(a los bautizados)* ¿Se esforzarán por sentar un ejemplo para nosotros (y especialmente para aquellos de nosotros que se están preparando para el Bautismo) de esa vuelta a Jesucristo que identifica la verdadera conversión?

Respuesta Así lo haremos, con el auxilio de Dios.

Celebrante *(a los padrinos)* ¿Acompañarán a estos candidatos en su proceso de conversión y les ayudarán a renovar su compromiso con Cristo?

Padrinos — Así lo haremos, con el auxilio de Dios.

En presencia de toda la congregación, los candidatos se arrodillan o inclinan la cabeza. Sus padrinos permanecen de pie detrás de ellos y les ponen una mano en el hombro.

Celebrante — *(extendiendo ambas manos hacia los candidatos)* Bendito seas tú, Dios nuestro, Hacedor nuestro, porque tú fielmente nos llamaste a regresar a ti y a no abandonarnos a nuestro propio egoísmo. Tú nos has dado a *N.*, *N.*, como ejemplos de nuestra confianza en ti. Renueva tu Santo Espíritu en ellos de manera que puedan conducirnos en nuestra vuelta a ti mientras se disponen a celebrar con nosotros el tránsito de Cristo de la muerte a la vida, quien vive y reina contigo y el Espíritu Santo, un solo Dios, ahora y por siempre.

Respuesta — Amén.

Los candidatos se ponen de pie.

Celebrante — Recibe la ceniza como símbolo de arrepentimiento y conversión y muéstranos con tu ejemplo cómo volver a Cristo.

El Celebrante impone la ceniza al candidato usando las palabras de imposición que aparecen en la página 183 del Libro de Oración Común.

Los candidatos se unen al Celebrante en la imposición de la ceniza a la congregación.

Se usa el segundo prefacio de Cuaresma.

Durante la estación de Cuaresma, a los candidatos se les menciona por nombre en la Oración de los Fieles, aparte de los catcúmenos.

Rito de preparación del Jueves Santo para los días santos de la Pascua

Este rito se usa como el oficio principal del Jueves Santo. En él, las personas bautizadas que han venido preparándose para la reafirmación de su pacto bautismal en la gran vigilia Pascual son además reconocidas como miembros, de manera que pueden unirse a la comunidad en su celebración pascual.

Cuando se usa este rito, el Evangelio propio es Juan 13:1-15. Antes de la ceremonia del lavatorio de pies, los candidatos a la reafirmación y sus padrinos comparecen ante el Celebrante y en presencia de toda la congregación.

Celebrante *(a los candidatos y sus padrinos)* *N*., *N*., ustedes han sido ejemplo para nosotros de ese auténtico regreso a Dios que es el corazón mismo de nuestra vocación cristiana. Esta noche les invitamos a unirse a nosotros como discípulos de Jesucristo imitando su ejemplo y dedicándonos a servir entre nosotros en esta comunidad. Cristo Jesús vino a nosotros no para ser servido sino para servir. Esta noche les lavamos los pies como señal de la servidumbre a la que Cristo nos ha llamado y les pedimos, a su vez, que se unan a nosotros en este símbolo de nuestro discipulado. *N*., *N*., ¿están preparados para compartir nuestra vida de servicio?

Candidatos Estamos preparados.

El oficio continúa con un rito de reconciliación, a partir de la página 372 del Libro de Oración Común *con las palabras "Ahora, en presencia de Cristo. . .", y omitiendo la confesión de pecados particulares ("Especialmente. . ."). El Celebrante impone una mano sobre cada uno de los candidatos mientras dice la primera fórmula de la absolución ("Nuestro Señor. . . que se ofreció. . .").*

Se lavan los pies de los candidatos. Cuando todo está listo, el Celebrante distribuye jofainas, jarras y toallas a los candidatos, diciendo a cada uno de ellos:

Celebrante Quiera Cristo fortalecerte en el servicio que te encomienda.

Los candidatos a su vez lavan los pies de otros miembros de la congregación.

El oficio continúa inmediatamente con el rito de la Paz. Es propio usar la Plegaria Eucarística D, incluyendo en ella intercesiones por la Iglesia y por el mundo.

Bendición de un hogar

El Celebrante, miembros de la familia, y amigos se reúnen en la sala (en la cual se ha preparado una mesa para celebrar la Santa Comunión).

El Celebrante saluda a los congregados.

El oficio puede comenzar con la siguiente colecta, o una apropiada, diciendo primero:

	El Señor sea con ustedes.
Pueblo	Y con tu espíritu.
Celebrante	Oremos.

Dios todopoderoso y eterno, concede a este hogar la gracia de tu presencia, para que te conozcan como residente de esta morada y defensor de esta familia; por Jesucristo nuestro Señor, que contigo y el Espíritu Santo vives y reinas, un solo Dios, por los siglos de los siglos. *Amén.*

Puede decirse una o dos de las lecciones siguientes, o alguna otra lectura apropiada.

Antiguo Testamento Génesis 18:1-8

Epístola 3 Juan 1-6a, 11, 13-15

Entre las lecturas, o después de la lectura, si solamente se lee una, se dice o canta el salmo 112:1-7, u otro apropiado.

Si se celebra la Comunión, siempre se incluye un pasaje del Evangelio. Los siguientes son apropiados:

Evangelio San Juan 11:5; 12:1-3,
o San Mateo 6:25-33

Puede seguir una homilía o plática corta.

Cuando sea apropiado, el Celebrante puede decir la siguiente invocación:

Que el incontenible poder del Santo Dios esté presente en esta morada para que destierre de él todo espíritu inmundo, lo limpie de todo vestigio de maldad y lo haga un lugar seguro para quienes moran en él; en el nombre de Jesucristo nuestro Señor. *Amén.*

Si es conveniente en este momento, pueden ofrecerse oraciones en las diferentes habitaciones. El Celebrante, con miembros de la familia (uno de ellos llevando una vela encendida, si se desea), y otras personas, según convenga, van de una habitación a otra, y la procesión termina en la sala. Mientras tanto, los que no participan de la procesión, permanecen en la sala, orando en silencio, cantando himnos u otros cánticos apropiados.

Si la procesión no se celebra ahora, el rito continúa con la bendición de la casa, página 180. Las oraciones en las diferentes habitaciones se pueden decir antes o después del rito.

Las oraciones en las habitaciones se pueden decir en el orden que convenga.

Las antífonas señaladas pueden decirse o cantarse por todos, por el Celebrante, o por otra persona.

A la entrada

Antífona

He aquí, yo estoy a la puerta y llamo, dice el Señor. Si oyes mi voz y abres, entraré a tu casa, y comeré contigo, y tú conmigo.

V. El Señor velará tu salida y tu entrada:
R. Desde ahora y para siempre.

Oremos. *(Silencio)*

Señor soberano, tú eres el Alfa y Omega, principio y fin: Envía a tus siervos de este lugar a sus varias labores, y en camino sé su constante compañero, y sean bienvenidos a su regreso, para que en el ir y venir sean protegidos por tu presencia, oh Cristo nuestro Señor. *Amén.*

En un oratorio, capilla o santuario

Antífona

Que me construyan un santuario y yo moraré en su medio.

V. Eleven sus manos en el lugar sagrado:
R. Y bendigan al Señor.

Oremos. *(Silencio)*

Dios todopoderoso, de ti viene toda buena oración y derramas sobre todos los que desean, el espíritu de gracia y súplica: Líbrales, cuando se acerquen a ti en este lugar de tibieza de corazón y divagaciones de la mente, para que con firmes pensamientos y calurosos afectos puedan adorarte en espíritu y en verdad; por Jesucristo nuestro Señor. *Amén.*

En el estudio o biblioteca

Antífona

Enséñanos, oh Señor, dónde se encuentra la sabiduría y muéstranos el lugar del entendimiento.

V. Busca al Señor tu Dios, y lo encontrarás:
R. Búscale con todo tu corazón y con toda tu alma.

Oremos. *(Silencio)*

O Dios de verdad, fundamento eterno de todo lo que existe más allá del tiempo y del espacio y aún ellos, trascendiendo todas las cosas y sin embargo penetrándolas: Manifiéstate a nosotros, porque andamos en la ignorancia; revélate a nosotros, porque tú eres a quien buscamos, oh Trino Dios, Padre, Hijo y Espíritu Santo. *Amén.*

En un dormitorio

Antífona

Guíanos, Señor, despiertos, y guárdanos mientras dormimos; que despiertos velemos con Cristo, y dormidos descansemos en paz.

V. Me acuesto y me entrego al sueño:
R. Me despierto de nuevo, porque el Señor me protege.

Oremos. *(Silencio)*

Oh Dios de vida y amor, verdadero descanso de tu pueblo: Santifica las horas de descanso y solaz de tus siervos, su dormir y su despertar; y concede que, fortalecidos por la presencia de tu Espíritu Santo, puedan levantarse y servirte todos los días de su vida; por Jesucristo nuestro Señor. *Amén.*

En la habitación de un niño

Antífona

Jesús dijo, "Dejen a los niños venir a mí, y no se lo impidan, porque de ellos es el reino de los cielos".

V. Alaben al Señor, hijos de Dios:
R. Alaben el Nombre del Señor.

Oremos. *(Silencio)*

Padre celestial, tu Hijo nuestro Salvador tomó a niños en sus brazos y los bendijo: Bendice con tu inagotable amor al niño de quien es esta habitación, protégele de todo peligro, y llévale con seguridad a cada nuevo día, hasta que salude con alegría el grandioso día de tu reino; por Jesucristo nuestro Señor. *Amén.*

Una habitación de huéspedes

Antífona

No descuiden la hospitalidad, porque algunos han hospedado ángeles sin saberlo.

V. Abran sus casas el uno al otro sin queja alguna:
R. Usen los dones recibidos de Dios para el bien de otros.

Oremos. *(Silencio)*

Dios amante, nos has enseñado a darnos la bienvenida el uno al otro, así como Cristo nos la da: Bendice a los que ocasionalmente comparten la hospitalidad de este hogar. Que tu cuidado paternal les proteja, el amor de tu querido Hijo les preserve de todo mal y la dirección de tu Espíritu Santo les mantenga en el camino que conduce a la vida eterna; por Jesucristo nuestro Señor. *Amén.*

En el cuarto de baño

Antífona

Rociaré sobre ustedes agua limpia, y serán limpios.

V. Mantengamos firme la confesión de nuestra esperanza sin desfallecer:
R. Habiendo lavado nuestros cuerpos con agua pura.

Oremos. *(Silencio)*

Oh Santo Dios, en la encarnación de tu Hijo nuestro Señor hiciste nuestra carne el instrumento para tu propia revelación: Danos reverencia y respeto propio para nuestros cuerpos mortales, manteniéndolos limpios y en buen estado, sanos y fuertes; para que glorificándote con ellos, podamos confiadamente esperar ser revestidos con un cuerpo espiritual, cuando aquéllo que es mortal sea transformado para vida; mediante Jesucristo nuestro Señor. *Amén.*

En un taller

Antífona

Hay muchos que confían en sus manos y son diestros en su trabajo.

V. Prospera, oh Señor, el trabajo de nuestras manos:
R. Prospera nuestra obra.

Oremos. *(Silencio)*

Oh Dios, tu bendito Hijo trabajó con sus manos en el taller de Nazaret: Te rogamos que estés presente con aquellos que trabajan en este lugar, para que trabajando contigo, puedan compartir el gozo de tu creación; mediante Jesucristo nuestro Señor. *Amén.*

En la cocina

Antífona

Comerán hasta saciarse, y alabarán el Nombre de su Dios, el cual hizo maravillas con ustedes.

V. Los ojos de todos esperan en ti, oh Señor:
R. Y les das su comida a su tiempo.

Oremos. *(Silencio)*

Oh Señor, nuestro Dios, tú abasteces nuestras necesidades de acuerdo con tus abundantes riquezas: Bendice las manos de los que trabajan en este lugar, y danos corazones agradecidos por el pan de cada día; mediante Jesucristo nuestro Señor. *Amén.*

En el comedor

Antífona

El Dios vivo les dio lluvias del cielo y tiempos fructíferos, llenando de sustento y de alegría sus corazones.

V. El produce el alimento de la tierra,
y vino para alegrar nuestros corazones:
R. Aceite para alegrar nuestro semblante,
y pan para fortalecer el corazón.

Oremos. *(Silencio)*

Bendito eres tú, oh Señor, Rey del universo, porque nos das alimento y bebida para sostener nuestra vida: Haznos agradecidos por todas tus misericordias y conscientes de las necesidades de otros; mediante Jesucristo nuestro Señor. *Amén.*

En una terraza o un jardín

Antífona

Como la tierra germina, o los arbustos en el jardín florecen, así el Señor Dios hará que florezca la justicia y la alabanza en todas las naciones.

V. Mis fronteras encierran una tierra agradable:
R. Verdaderamente, tengo una magnífica herencia.

Oremos. *(Silencio)*

Jesús, nuestro buen compañero, en muchas ocasiones te retiraste con tus amigos para gozar de quietud y solaz: Sé con tus siervos en este lugar, al cual vienen buscando confraternidad y recreación; y te rogamos hagas de él un sitio de serenidad y paz; mediante Jesucristo nuestro Señor. *Amén.*

En la sala

Antífona

¡Oh cuán bueno y agradable es convivir los hermanos en unidad!

V. Por encima de todo, ámense sinceramente unos a otros:
R. Porque el amor cubre muchos pecados.

Oremos. *(Silencio)*

Imparte tu bendición, Señor, a todos los que comparten esta habitación, para que estén estrechamente unidos en fraternidad aquí en la tierra, y juntos en comunión con tus santos en el cielo; mediante Jesucristo nuestro Señor. *Amén.*

Bendición de la casa

Cuando la procesión haya regresado a la sala, o inmediatamente después de la homilía (e invocación), el Celebrante termina la bendición de la casa como sigue:

Antífona

El fruto de la justicia será la paz, y el resultado de la justicia tranquilidad y confianza para siempre. Mi pueblo permanecerá en moradas seguras y en sitios de descanso.

V. Si el Señor no edificare la casa:
R. En vano trabajan los que la edifican.

Oremos. *(Silencio)*

Visita, oh bendito Señor, este hogar con el gozo de tu presencia. Bendice con el don de tu amor a todos los que aquí viven; concédeles que puedan manifestar tu amor [los unos a los otros y] a todos con quien se relacionen. Que puedan crecer en tu gracia, amor y conocimiento; guíales, consuélales, fotaléceles y presérvales en paz, oh Jesucristo, ahora y por siempre. *Amén.*

El Celebrante dice entonces al pueblo:

La paz del Señor sea con ustedes.
Y con tu espíritu.

La gente se saluda mutuamente en el nombre del Señor.

Si no se celebra la Comunión, el rito concluye con el ofertorio.

Miembros de la familia presentan las ofrendas de pan y vino.

El Celebrante continúa con una de las Plegarias Eucarísticas autorizadas, o con una de las fórmulas alternativas de la Gran Plegaria Eucarística, según el orden para la Celebración de la Santa Eucaristía.

Si la Gran Plegaria Eucarística provee un prefacio propio, puede usarse aquél o éste:

Mediante Jesucristo nuestro Señor, quien alcanzó la perfecta humanidad en el hogar de sus padres de Nazaret, y en el hogar de sus amigos de Betania se reveló como la Vida y Resurrección.

En vez de la acostumbrada oración de poscomunión, puede decirse la siguiente:

¡Qué maravilloso eres, oh bondadoso Señor, en el trato con tu pueblo! Te alabamos y te damos gracias hoy porque en el bendito sacramento del Cuerpo y Sangre de nuestro Señor Salvador Jesucristo, has visitado esta casa y la has santificado con tu presencia. Quédate con nosotros, te suplicamos, para que nos unas en tu amor y paz. Que te sirvamos a ti y a otros en tu nombre, mediante Jesucristo nuestro Señor. *Amén.*

El rito puede concluir con una despedida.

Si la Comunión no se ha celebrado como parte del rito, es deseable que haya una celebración de la Santa Eucaristía en la casa, lo más pronto posible.

Bendición de una mujer encinta

Lo siguiente puede usarse en un rito público o privado.

Oh Señor, dador de vida, recibe nuestra oración por *N.* y por la criatura que ha concebido, para que lleguen felizmente al momento del alumbramiento, y sirviéndote en todas las cosas se regocijen con tu amorosa providencia. Te lo pedimos mediante nuestro Señor Jesucristo, que vive y reina contigo y el Espíritu Santo, un solo Dios, ahora y por siempre. Amén.

Cuando sea conveniente, se puede agregar parte o todo de lo siguiente:

Bendito eres tú, Señor Dios. Tú has bendecido la unión de *N.* y *N.* *Amén.*

Bendito eres tú, Señor Dios. Que tu bendición sea sobre *N.* y la criatura que lleva. *Amén.*

Bendito eres tú, Señor Dios. Que el tiempo de embarazo sea para *N.* y *N.* meses para acercarse más a ti y el uno al otro. *Amén.*

Bendito eres tú, Señor Dios. Que la experiencia del alumbramiento de *N.* y *N.* esté llena de reverencia, de admiración y de gozo al compartir tu creación. *Amén.*

Bendito eres tú, Señor Dios. Que la plenitud de tu bendición sea sobre estas personas que bendecimos en tu Nombre: Padre, Hijo y Espíritu Santo. *Amén.*

El anticipo del nacimiento es el momento apropiado para que el clérigo discuta con los futuros padres el significado del Bautismo.

La preparación de padres y padrinos para el bautismo de infantes y niños pequeños

Lo concerniente al rito

Este proceso está concebido para intensificar la formación de los que presentarán infantes y niños pequeños al bautismo. Su división en etapas (cada una de las cuales concluye con un rito) se asemeja al formato del catecumenado. Sin embargo, es esencial que estas personas se distingan de los catecúmenos, excepto cuando estén preparándose para el bautismo y sean, por consiguiente, catecúmenos.

Primera etapa. Esta etapa comienza tan pronto como los padres descubren el embarazo. Con ayuda del pastor, eligen los padrinos. Los padrinos deben ser personas bautizadas y uno de ellos al menos debe ser miembro de la comunidad local. Se fija la fecha de una serie de reuniones a lo largo del embarazo. Esta etapa es breve, y conduce pronto al primer rito.

RITO UNO

La bendición de los padres al principio del embarazo

Este rito "La bendición de una mujer encinta", aparece en la página183. A fin de subrayar de manera más enérgica el papel de padre, deben hacerse los cambios siguientes, además de cambiar el título. (Si el padre no está presente, o no participa, el rito sigue el formato para una mujer, omitiendo el nombre del padre en las oraciones). En la oración de apertura, se usa el nombre del padre así como el de la madre, y el "ellos" reemplaza al "ella".

Después de la cuarta petición se añade:

Bendito eres tú, oh Dios. Que *N.* y *N.*, junto con los padrinos de sus hijos, *N.* y *N.* (y *N.* y *N.*, sus otros hijos), puedan encontrar que su fe se profundiza y su ministerio se robustece mientras se preparan para el nacimiento y bautismo de su hijo. *Amén.*

Este rito tiene lugar en la eucaristía dominical luego de la Oración de los Fieles, y es seguido por el rito de la Paz.

Segunda etapa. Este período abarca el resto del embarazo y el tiempo del alumbramiento. Durante esta etapa, los padres, sus otros hijos, y los padrinos se reúnen regularmente con uno o más catequistas para intensificar su formación en historia de la salvación, oración, culto y ministerio social. Su modelo educativo es el de la experiencia seguida por la reflexión. En sus vidas diarias, los participantes encuentran amplios recursos para reflexionar sobre los modos en que están viviendo su propio pacto bautismal dentro de su vocación de matrimonio, familia y paternidad. También exploran la oración y el culto en el hogar como una extensión de la liturgia de la Iglesia y en el contexto del Año Eclesiástico, y aumentan su comprensión de la familia como una manifestación doméstica del pueblo de Dios cuya vida en común es parte de la historia de la salvación.

Si uno de los padres es catecúmeno, este proceso tiene lugar dentro del catecumenado. Un cónyugue bautizado puede servir de padrino al catecúmeno.

RITO DOS

Acción de gracias por el nacimiento o la adopción de un niño

Este rito se encuentra en el Libro de Oración Común (páginas 329-335). De las oraciones finales, es oportuna la oración "por un niño aún no bautizado" (página 334). El celebrante signa al infante con la cruz y anuncia la fecha del bautismo. De ahí en adelante se recuerda al niño por su nombre en la Oración de los Fieles, hasta el día del bautizo.

Tercera etapa. En este período de preparación para el bautismo, los padres y los padrinos continúan reuniéndose con el catequista (o los catequistas). Parejas de individuos que han criado a sus hijos en la Iglesia pueden ser útiles como catequistas, como pueden serlo otros que hayan terminado este proceso anteriormente. La experiencia de la paternidad conlleva nuevos retos a la fe y al ministerio sobre los cuales será fructífero reflexionar. El proceso de la vida familiar, mientras se participa en la vida de culto de la congregación y en la ministración de otros, adquirirá nueva forma con el advenimiento de otro niño.

Este es también un tiempo para explorar más plenamente las responsabilidades que los padres y padrinos aceptarán en el bautismo.

Exploran ellos temas tales como: el mejor modo de interpretar el significado de la eucaristía a un niño que participa de ella en sus años de formación; cómo ajustar el ministerio y la oración al crecimiento del niño; y maneras de presentar al niño la historia de la salvación. El papel de los padrinos también ha de ser más plenamente desarrollado.

RITO TRES (Libro de Oración Común, página 219)
El Santo Bautismo

En conformidad con el Libro de Oración Común, este rito tendrá lugar en un día bautismal de importancia y en un oficio principal. El infante será signado (con crisma, si se desea) y puede recibir la Santa Comunión (en la forma de unas pocas gotas de vino si el niño no ha sido todavía destetado).

Después de esto, los padres, los padrinos y la congregación tienen la responsabilidad de llevar a cabo la formación del niño en la historia de la salvación, la oración, el culto y el ministerio social. La infancia y la adolescencia será una época de formación y exploración de los misterios de la fe, conducentes a la meta de reafirmación del pacto bautismal a una edad madura.

Los que dirigen este proceso de preparación deben incluir laicos y clérigos. Los diáconos tienen un papel especial como líderes del ministerio de servicio, así como los que han criado sus hijos en la Iglesia, aun cuando les pareciera que hubieran tenido poco éxito. Siempre que sea posible, el obispo debe presidir los ritos y tomar parte en la enseñanza. El obispo también presidirá el bautismo siempre que sea posible.

Adaptación a circunstancias especiales

Bautismo diferido

En el caso de niños pequeños, los padres pueden decidir, de acuerdo con el pastor de la congregación, aplazar el bautismo hasta que el niño tenga la edad suficiente para pasar el catecumenado. En tal caso, los padres pasan por el mismo proceso durante el embarazo y el alumbramiento, pero las etapas no concluyen con el bautismo, sino con la admisión del niño al catecumenado (página 130). Los padres y padrinos recibirán apoyo permanente en la formación del niño.

Otras adaptaciones

Cuando los padres presentan a un niño al bautismo sin haber pasado por el proceso que comienza con el embarazo, la primera y segunda etapas arriba descritas anteriormente se combinan. El primer rito se cancela y el segundo rito es la inscripción de un niño como candidato al bautismo (adaptado a las circunstancias). Luego de un período de preparación final (acaso junto con los candidatos adultos), el niño es bautizado.

Es importante reconocer que, si surge una dificultad durante el curso del embarazo, los padrinos y catequistas son los ministros más inmediatos de los padres. Si el embarazo se interrumpe debido a un aborto involuntario, o si el bebé nace muerto, estas personas continúan apoyando y auxiliando a los padres en hacerle frente a esta situación.

Debe advertirse que un bebé con deficiencias congénitas (incluyendo incapacidades mentales o de aprendizaje) debe ser bautizado. En casos donde parezca necesario llevar a cabo un bautismo de emergencia, el grupo que apadrina apoya a los padres. Si el niño sobrevive, el período formativo continúa, y la celebración formal del bautismo tiene lugar en una importante fiesta bautismal.

Aniversario de matrimonio

Esta fórmula es para usarse en el contexto de la celebración de la Santa Eucaristía. Cuando la misma se usa en el oficio principal del domingo o un día de fiesta mayor, se usa el propio del día. En otras ocasiones, el salmo y las lecciones seleccionadas han de ser las recomendadas para la Celebración y Bendición de un Matrimonio, y por Colecta del Día se usa una de las siguientes.

Benévolo y eterno Dios, mira misericordiosamente a *N.* y *N.* que vienen a renovar las promesas que se hicieron el uno al otro. Concédeles tu bendición, y ayudáles con tu gracia para que con verdadera fidelidad y firme amor, puedan honrarse y guardar sus votos y promesas; mediante Jesucristo nuestro Señor, que vive y reina contigo, en la unidad del Espíritu Santo, un solo Dios, por los siglos de los siglos. *Amén.*

o ésta:

Oh Dios que has consagrado el pacto del matrimonio que representa la unión espiritual entre Cristo y su Iglesia: Envía tu bendición sobre *N.* y *N.* que vienen a renovar sus mutuas promesas, y concédeles tu gracia, para que puedan amarse, honrarse y cuidarse el uno al otro en fidelidad y paciencia, en sabiduría y verdadera santidad, de modo que sus vidas sean un testimonio de tu amor y perdón, y que su hogar sea un puerto de bendición y de paz; mediante Jesucristo nuestro Señor, que vive y reina contigo y el Espíritu Santo, un solo Dios, ahora y por siempre. *Amén.*

o ésta:

Concede, oh Dios, en tu compasión, que *N.* y *N.*, habiendo contraído matrimonio, y afirmando el pacto que han hecho, puedan crecer en actitud de perdón, lealtad y amor; y que al final lleguen al gozo eterno que tú has prometido mediante Jesucristo nuestro Señor, que vive y reina contigo, en la unidad del Espíritu Santo, un solo Dios, por los siglos de los siglos. *Amén.*

Inmediatamente después del sermón (y el Credo si está señalado), el esposo y la esposa se presentan ante el Celebrante, quien está de pie de cara al pueblo.

Todos de pie, el Celebrante se dirige a la congregación con las siguientes u otras palabras similares:

Amigos en Cristo, nos reunimos con *N.* y *N.*, que hoy han venido para dar gracias a Dios por su bendición matrimonial, y para reafirmar su pacto conyugal.

Entonces el Celebrante pregunta al hombre:

N., aquí, en la presencia de Dios y de esta congregación, ¿renuevas las promesas que hiciste cuando te uniste a *N.* en santo matrimonio?

El hombre responde:

Las renuevo.

Entonces el Celebrante pregunta a la mujer:

N., aquí, en la presencia de Dios y de esta congregación, ¿renuevas las promesas que hiciste cuando te uniste a *N.* en santo matrimonio?

La mujer responde:

Las renuevo.

El marido y la mujer, arrodillados o de pie, dicen al mismo tiempo:

Te damos gracias, clementísimo Dios, por consagrar nuestro matrimonio en la presencia y nombre de Cristo. Llévanos a un más amplio compañerismo del uno con el otro y también contigo. Danos gracia para vivir juntos en amor y fidelidad, con solicitud el uno con el otro. Fortalécenos cada día, y llévanos a esa santa mesa donde, con los que amamos, festejaremos para siempre en nuestro hogar celestial; mediante Jesucristo nuestro Señor. *Amén.*

Entonces el Celebrante los bendice diciendo:

Que Dios el Padre, quien en la creación ordenó que el hombre y la mujer fueran una carne, les conserve unidos. *Amén.*

Que Dios el Hijo, quien con su primer milagro en la boda de Caná de Galilea, adornó este estado de vida, esté siempre presente con ustedes. *Amén.*

Que Dios el Espíritu Santo, quien les ha dado la voluntad para perseverar en este amor y pacto mutuo fortalezca esta unión. *Amén.*

Y que Dios la Santísima Trinidad, fuente de toda unidad, les bendiga este día y para siempre. *Amén.*

El rito continúa con la Paz o, en un oficio principal, con la Oración de los Fieles.

En el ofertorio el esposo y la esposa pueden presentar el pan y el vino.

Si no se celebra la Comunión, el rito concluye con el Padre Nuestro y la Paz.

Cuando se use esta fórmula como un acto de reconciliación, el Celebrante puede adaptarla de acuerdo con las dos partes.

Rito público de sanidad

El rito comienza como el señalado para una celebración de la Santa Eucaristía, o con el orden penitencial, o con la siguiente salutación:

Celebrante	Gracia y paz sea con ustedes de Dios nuestro Padre y el Señor Jesucristo.
Pueblo	Y con tu espíritu.
Celebrante	Oremos.

El Celebrante dice ésta o alguna otra colecta apropiada:

Oh Dios de paz, tú nos has enseñado que en la conversión y entrega seremos salvos, y en la tranquilidad y confianza estará nuestra fortaleza: Por el poder de tu Espíritu, te suplicamos nos eleves a tu presencia, en donde podamos estar quietos y saber que tú eres Dios; por Jesucristo nuestro Señor. *Amén.*

Se leen una o dos lecciones antes del Evangelio.

Entre las lecciones, y antes del Evangelio, se dice o canta un salmo, himno o antífona.

Si no se usa el Propio del Día, las lecciones, salmo y Evangelio se escogen de la lista de la página 202.

Después del Evangelio puede seguir un sermón o meditación, o un período de silencio, o ambas cosas.

El rito continúa con el Credo o con la Oración de los Fieles.

En vez de la Oración de los Fieles se puede usar la siguiente Letanía:

Letanía de sanidad

El Celebrante comienza la Letanía con la siguiente petición:

Nombremos ante Dios a aquéllos por quienes vamos a ofrecer nuestras oraciones.

El pueblo dice en voz alta el nombre de las personas por quienes va a interceder.

Una persona señalada dirige la Letanía.

Dios el Padre, tu voluntad es que toda persona tenga salud y salvación;
Te alabamos y te damos gracias, Señor.

Dios el Hijo, viniste para que tengamos vida, y la tengamos en abundancia;
Te alabamos y te damos gracias, Señor.

Dios el Espíritu Santo, nuestros cuerpos son el templo donde moras;
Te alabamos y te damos gracias, Señor.

Santa Trinidad, un solo Dios, en ti vivimos, nos movemos y tenemos nuestro ser;
Te alabamos y te damos gracias, Señor.

Señor, concede tu gracia curativa a todos los que están enfermos, heridos o incapacitados, para que puedan ser sanos;
Oyenos, oh Señor de vida.

Concede a todos los que buscan tu dirección y a todos los que se hallan solitarios, ansiosos o deprimidos, el conocimiento de tu voluntad y la seguridad de tu presencia;
Oyenos, oh Señor de vida.

Enmienda las relaciones desechas, y restaura al buen estado mental y serenidad de espíritu a los que padecen angustia emocional;
Oyenos, oh Señor de vida.

Bendice a los médicos, a las enfermeras y a todas las personas que ministran a los que sufren, concediéndoles sabiduría y destreza, simpatía y paciencia;
Oyenos, oh Señor de vida.

Concede paz a los moribundos y una muerte serena, y por la gracia y consuelo de tu Santo Espíritu sostén a los afligidos;
Oyenos, oh Señor de vida.

Restaura a su integridad lo que haya sido quebrantado por el pecado humano, en nuestra vida, en nuestra nación y en el mundo;
Oyenos, oh Señor de vida.

Tú eres el Señor que hace portentos:
Has declarado tu poder entre los pueblos.

Contigo, oh Señor, está el manantial de la vida:
Y en tu luz vemos luz.

Oyenos, oh Señor de vida:
Cúranos y haznos íntegros.

Oremos.

Sigue un período de silencio.

El Celebrante concluye las oraciones con una de las siguientes colectas, u otra apropiada:

Dios todopoderoso, dador de vida y salud: Envía tu bendición sobre todos los que están enfermos y sobre quienes les ministran, para que toda debilidad pueda ser derrotada por el triunfo del Cristo resucitado; que vive y reina por los siglos de los siglos. *Amén.*

o ésta:

Padre celestial, tú has prometido escuchar lo que pidamos en Nombre de tu Hijo: Acepta y cumple nuestras peticiones, te suplicamos, no como te lo pedimos en nuestra ignorancia ni como lo merecemos por nuestro pecado, sino como tú nos conoces y amas en tu Hijo Jesucristo, nuestro Señor. *Amén.*

o ésta:

Oh Señor y Dios nuestro, acepta las fervientes plegarias de tu pueblo; en la multitud de tus piedades, vuelve tus ojos compasivos hacia nosotros y a cuantos acuden a ti por socorro, pues tú eres bondadoso, oh amante de las almas; y a ti rendimos gloria, Padre, Hijo y Espíritu Santo, ahora y por siempre. *Amén.*

Sigue la confesión de pecado, si es que no se ha hecho al principio del rito.

El Celebrante invita ahora a pasar al frente a aquellos que quieran recibir la imposición de manos (y la unción).

Si el aceite para la unción de los enfermos ha de bendecirse, se usa la fórmula de la página 376 del Libro de Oración Común.

Se canta o dice la siguiente antífona:

Salvador del mundo, por tu cruz y preciosa sangre nos has redimido;
Sálvanos y ayúdanos, te suplicamos humildemente, oh Señor.

El Celebrante pronuncia la siguiente bendición sobre los que han pasado al frente:

El Dios todopoderoso, que es torre fuerte de todos los que ponen su confianza en él, a quien todas las cosas en el cielo, en la tierra y debajo de la tierra se inclinan y obedecen: Sea su defensa ahora y siempre, y les haga saber y sentir que el único Nombre dado bajo el cielo para salud y salvación es el Nombre de nuestro Señor Jesucristo. *Amén.*

Entonces el Celebrante impone las manos sobre cada persona (y habiendo mojado el dedo pulgar en el aceite para la unción de los enfermos, hace señal de la Cruz en sus frentes), y dice una de las siguientes oraciones:

N., yo impongo las manos sobre ti, [y te unjo con aceite] en el Nombre del Padre, y del Hijo y del Espíritu Santo, suplicando a nuestro Señor Jesucristo que te sostenga con su presencia, que ahuyente de ti toda enfermedad de cuerpo y espíritu, y que te conceda esa victoria de vida y de paz, la cual te capacitará para servirle ahora y siempre. *Amén.*

o ésta:

N., yo impongo las manos sobre ti [y te unjo con aceite] en el Nombre de nuestro Señor y Salvador Jesucristo, suplicándole te sostenga y te colme de su gracia, a fin de que conozcas el poder sanativo de su amor. *Amén.*

o ésta:

N., yo impongo las manos sobre ti [y te unjo con aceite] en el Nombre del Padre, y del Hijo y del Espíritu Santo. *Amén.*

Puede ofrecerse una oración por cada persona de acuerdo a sus necesidades con la imposición de manos (y la unción).

Los laicos, con el don de sanidad, pueden unirse al Celebrante en la imposición de manos.

El rito continúa con el intercambio de la Paz.

Si no se celebra la Comunión, el rito concluye con el Padre Nuestro y la oración y bendición que se encuentran más abajo.

Si se celebra la Eucaristía, la liturgia continúa con el ofertorio.

En lugar de la oración usual de poscomunión (o, si no ha habido Comunión después del Padre Nuestro), se dice la siguiente oración:

Dios todopoderoso y eterno, atrae nuestro corazón hacia ti, dirige nuestra mente, inspira nuestra imaginación y gobierna nuestra voluntad, de tal modo que seamos totalmente tuyos, dedicados por completo a ti. Te rogamos nos uses según tu voluntad, y siempre para tu gloria y el bienestar de tu pueblo; por Jesucristo nuestro Señor. *Amén.*

El Celebrante pronuncia esta bendición:

Que Dios Padre les bendiga, Dios Hijo les sane y Dios Espíritu Santo les fortalezca. Que Dios, la santa e indivisa Trinidad, guarde sus cuerpos, salve sus almas y les lleve con seguridad a sus país celestial, done él vive y reina por los siglos de los siglos. *Amén.*

Un diácono, o el Celebrante, despide al pueblo.

Lista de lecciones y salmos que se sugieren:

Antiguo Testamento

Exodo 16:13-15 (El maná en el desierto)

1 Reyes 17:17-24 (Elías revive al hijo de la viuda)

2 Reyes 5:9-14 (Curación de Naamán)

2 Reyes 20:1-5 (He oído tu oración. . . he aquí yo te sano)

Isaías 11:1-3a (Los dones del Espíritu)

Isaías 42:1-7 (El siervo sufriente)

Isaías 53:3-5 (Por sus llagas fuimos sanados)

Isaías 61:1-3 (Buenas nuevas para los afligidos)

Salmos

Salmo 13 (Mi corazón se alegrará en tu servicio)
Salmo 20:1-6 (El Señor te escuche en el día de asedio)
Salmo 23 (Unges mi cabeza con óleo)
Salmo 27, *o* **27:1-7, 9, 18** (El Señor es la fortaleza de mi vida)
Salmo 91 (El mandará a sus ángeles que te guarden)
Salmo 103 (El perdona todas tus iniquidades)
Salmo 121 (Mi socorro viene del Señor)
Salmo 130 (Mi alma aguarda al Señor)
Salmo 139:1-17 (¿A dónde huiré de tu Espíritu?)
Salmo 145:14-22 (Los ojos de todos esperan en ti, oh Señor)
Salmo 146 (Dichosos aquellos cuya ayuda es el Dios de Jacob)

Nuevo Testamento

Hechos 3:1-10 (Pedro y Juan curan al hombre cojo)
Hechos 5:12-16 (Curaciones en Jerusalén; la sombra de Pedro)
Hechos 10:36-43 (La predicación apostólica: Pedro anduvo. . . sanando)
Hechos 16:16-18 (La muchacha esclava con espíritu de adivinación)
Romanos 8:18-23 (Esperamos la redención de nuestro cuerpo)
Romanos 8:31-39 (Nada nos separará del amor de Dios)
2 Corintios 1:3-5 (Dios nos consuela en nuestras aflicciones)
Colosenses 1:11-20 (Que sean fortalecidos con todo poder)
Hebreos 12:1-2 (Mirando a Jesús, consumador de la fe)
Santiago 5:(13)14-16 (¿Está alguno enfermo entre ustedes?)
1 San Juan 5:13-15 (Que sepan que tienen vida eterna)

El Evangelio

San Mateo 9:2-8 (Tus pecados te son perdonados)

San Mateo 26:26-30, 36-39 (La Ultima Cena: no sea como yo quiero)

San Marcos 1:21-28 (Jesús sana a un hombre con espíritu inmundo)

San Marcos 1:29-34a (Jesús sana a la suegra de Pedro y a otras personas)

San Marcos 5:1-20 (Jesús cura a un geraseno endemoniado)

San Marcos 5:22-24 (La curación de la hija de Jairo)

San Marcos 6:7, 12-13 (Y ungían con aceite a muchos enfermos)

San Lucas 17:11-19 (Tu fe te ha salvado)

San Juan 5:1-9 (¿Quieres ser sano?)

San Juan 6:47-51 (Yo soy el pan de vida)

San Juan 9:1-11 (Jesús sana a un ciego de nacimiento)

Lo concerniente al exorcismo

La práctica de ahuyentar espíritus malignos por medio de la oración y fórmulas establecidas reciben su autoridad del mismo Señor quien identificó estos actos como señales de su mesianismo. A principios de la vida de la Iglesia, el desarrollo y práctica de tales ritos eran reservados para el obispo, quien a su discreción podía delegar la práctica a presbíteros seleccionados y a otras personas que creyera competentes.

De acuerdo con esta tradición establecida, los que tengan necesidad de tal ministerio, deberán notificarlo al obispo mediante el presbítero de la parroquia, con el fin de que el obispo determine la necesidad del exorcismo, la persona que ha de celebrar el rito y las oraciones y otras fórmulas que han de emplearse.

Entierro de una persona que no profesa la fe cristiana

Esta antífona y cualquiera de los salmos, lecciones y oraciones, así como la fórmula comendatoria que siguen, pueden usarse con el orden para un Entierro de la página 409 del Libro de Oración Común.

Antífona de entrada

El firme amor del Señor nunca cesa,
sus misericordias nunca terminan;
cada mañana se renuevan;
grande es su fidelidad.
El Señor no abandona para siempre.
Aunque él permita aflicción, él tendrá compasión
según la abundancia de su inagotable amor;
el Señor no aflige ni hiere voluntariamente a sus hijos.

Lecciones y salmos

Eclesiastés 3:1-11 (Todo tiene su tiempo)

Eclesiastés 12:1-7 (Acuérdate de tu Creador en los días de tu juventud)

Salmo 23 (El Señor es mi pastor)

Salmo 90 (Señor, tú has sido nuestro refugio)

Salmo 130 (De lo profundo, oh Señor, a ti clamo)

Romanos 8:35-39 (¿Quién nos separará del amor de Cristo?)

San Juan 10:11-16 (Yo soy el buen pastor)

Oraciones

Por los difuntos

Dios todopoderoso, confiamos a aquellos que nos son queridos a tu fiel cuidado y amor en esta vida y la venidera, sabiendo que tú estás haciendo por ellos mejores cosas que las que podamos desear o suplicar; mediante Jesucristo nuestro Señor. *Amén.*

En tus manos, oh Dios, encomendamos a nuestr*o* herman*o* *N.*, como en manos del Creador fiel y amantísimo Salvador. Por tu infinita bondad, sabiduría y poder, obra en *él* el propósito misericordioso de tu perfecta voluntad, mediante Jesucristo nuestro Señor. *Amén.*

Por los dolientes

Oh Dios de gracia y gloria, recordamos hoy en tu presencia a nuestr*o* herman*o* *N*. Te damos gracias por que nos l*o* diste, a su familia y amigos, para conocerle y amarle como compañer*o* de nuestro peregrinaje terrenal. En tu ilimitada compasión, consuela a los que lloramos. Danos la tranquila confianza para que podamos continuar nuestra trayectoria en la fe; mediante Jesucristo nuestro Señor. *Amén.*

Oh Padre misericordioso, en tu Santa Palabra nos has enseñado que tú no afliges o entristeces voluntariamnente a tus hijos: Mira con piedad los sufrimientos de tus siervos por quienes ofrecemos nuestras oraciones. Acuérdate de ellos, oh Señor, en tu misericordia; nutre sus almas con paciencia, consuélales con el bálsamo de tu bondad, levanta tu rostro sobre ellos y dales paz; mediante Jesucristo nuestro Señor. *Amén.*

Dios todopoderoso, Padre de toda misericordia y dador de consuelo: Atiende con benignidad te pedimos a todos los que lloran, para que descargando sus penas en ti, conozcan la consolación de tu amor; mediante Jesucristo nuestro Señor. *Amén.*

Dios de toda misericordia, cuya sabiduría sobrepasa nuestro entendimiento, atiende con benignidad a *N.N.* en su pesar. Abrázales con tu amor para que no se sientan abrumados por su pérdida, sino que tengan confianza en tu bondad y hagan frente con valor a los días por venir; por Jesucristo nuestro Señor. *Amén.*

Por la comunidad cristiana

Oh amantísimo Padre, que deseas te demos gracias por todas las cosas, y no temer nada sino el perderte a ti, y que descarguemos todos nuestros cuidados en ti, que nos amas: Preservanos de temores infieles y ansiedades mundanas, y concede que ninguna nube de esta vida mortal pueda ocultar de nosotros la luz de ese amor que es inmortal, y que tú nos has manifestado en tu Hijo, Jesucristo nuestro Señor. *Amén.*

Dios todopoderoso, danos gracia para despojarnos de las obras de las tinieblas y revestirnos con las armas de la luz, ahora en esta vida mortal, en la cual Jesucristo tu Hijo, con gran humildad, vino a visitarnos; a fin de que en el día postrero, cuando vuelva con majestad gloriosa a juzgar a vivos y muertos, resucitemos a la vida inmortal; mediante él, que vive y reina contigo y el Espíritu Santo, un solo Dios, ahora y por siempre. *Amén.*

Comendatoria

Santo Dios, Santo Poderoso, Santo Inmortal,
Ten piedad de nosotros.

Sólo tú eres inmortal, creador y hacedor de la humanidad; y nosotros somos mortales, formados de tierra, y a la tierra hemos de volver. Por eso, cuando me creaste, tú dijiste: "Polvo eres y al polvo volverás". Todos nosotros descendemos del polvo; sin embrago, aun en la tumba elevamos nuestro canto: Aleluya, aleluya, aleluya.

Santo Dios, Santo Poderoso, Santo Inmortal,
Ten piedad de nosotros.

Comisión de ministerios laicos

Los ministros de la Iglesia son laicos, obispos, presbíteros y diáconos. Los laicos están comisionados para ejercer su ministerio en virtud del sacramento del Santo Bautismo, y no es necesaria ninguna fórmula de comisión para ejercer funciones especiales. La fórmula que a continuación sigue puede ser usada cuando se desea el reconocimiemto público para ejercer una función especial. Se puede adaptar para admisión de personas a ministerios que no estén estipulados en el texto.

Esta fórmula puede usarse después de la homilía (y el Credo) en la Eucaristía, o a la hora del himno o antífona que sigue las colectas en la Oración Matutina o Vespertina, o separadamente.

Después del exámen, cada grupo de candidatos es presentado separadamente por el padrino señalado.

Cuando los candidatos sean comisionados, se les da los símbolos correspondientes a su ministerio.

Cuando el número de candidatos para un oficio es numeroso, basta con pronunciar la frase de comisión una sola vez, pero es aconsejable que se salude a cada persona por separado (y se le dé el símbolo correspondiente).

Exámen

La congregación se sienta y el Celebrante se sitúa de pie frente al pueblo. Los padrinos y candidatos se ponen de pie frente al Celebrante.

El Celebrante dice éstas u otras palabras similares:

Hermanos y hermanas en Cristo Jesús, todos somos bautizados por el mismo Espíritu en el mismo Cuerpo, y se nos han dado dones para una variedad de ministerios para el bien común. Nuestro propósito es comisionar a estas personas en el nombre de Dios y de esta congregación para un ministerio especial al cual han sido llamadas.

El Celebrante pregunta al padrino o padrinos:

¿Están estas personas que presentas preparadas para un compromiso con Cristo como Señor, mediante la asistencia regular al culto divino, y mediante el conocimiento de sus obligaciones, ejerciendo su ministerio para la honra de Dios y el bienestar de la Iglesia?

Padrino Creo que lo *están.*

Entonces el Celebrante dice éstas u otras palabras similares:

Ustedes han sido llamados para ministrar a esta congregación. ¿Desean, mientras están involucradas en este trabajo, ejercerlo con diligencia?

Candidato Sí, lo deseo.

Celebrante ¿Ejercerán fiel y reverentemente los deberes de su ministerio, para la honra de Dios y en beneficio de los miembros de esta congregación?

Candidato Sí, lo haré.

Cuando esta fórmula se usa como un rito aparte, sigue aquí una lectura de la Escritura tomada de la lista que se encuentra en la página 232 (y una homilía).

La comisión

Se usa una o más de las siguientes fórmulas, según convenga.

Las antífonas señaladas pueden cantarse o leerse por todos, o por el Celebrante, o por alguna otra persona.

1. Guardianes y miembros de la Junta Parroquial

Padrino Presento a estas personas para que sean admitidas al ministerio de Guardián (miembro de la Junta Parroquial) en esta congregación.

Antífona

El Señor concede sabiduría; de su boca viene el conocimiento y el entendimiento; él atesora firme sabiduría para los justos; él es escudo para los que andan íntegramente.

V. Soy tu siervo; concédeme entendimiento:
R. Para que pueda saber tus designios.

Oremos. *(Silencio)*

Oh eterno Dios, fundamento de toda sabiduría y fuente de todo valor: Ilumina con tu gracia a los Guardianes y miembros de la Junta Parroquial de esta congregación; de tal forma dirige sus mentes y guía sus pensamientos para que en todas las cosas busquen tu gloria y promuevan la misión de tu Iglesia; mediante Jesucristo nuestro Señor. *Amén.*

En Nombre de Dios y de esta congregación, comisiono a [*N.*] como Guardián (miembro de la Junta Parroquial) de esta *parroquia* [y le entrego este _______ como señal de su ministerio].

2. Diputados a la Convención General o delegados a la convención diocesana

Padrino Presento a estas personas elegidas debidamente por el pueblo y clero de esta diócesis como diputados a la Convención General, a fin de que sean comisionadas para su ministerio.

o la siguiente:

Presento a estas personas elegidas debidamente delegados a la convención diocesana, a fin de que sean comisionadas para su ministerio.

Antífona

Convoquen a una asamblea solemne, reúnan al pueblo,
congreguen a los ancianos y santifiquen la reunión.

V. Salva a tu pueblo, Señor, y bendice tu heredad:
R. Dirígelo y fortalécelo, ahora y por siempre.

Oremos. *(Silencio)*

Señor Dios eterno, que por el Espíritu Santo presidiste en el concilio de los apóstoles para guiarles en el conocimiento y en toda verdad: Sé tú con los diputados de esta diócesis que pronto habrán de reunirse en la Convención General. En el ardor de los debates, dales un espíritu tranquilo; en las complejidades de los temas, dales mentes claras; y en los momentos de tomar decisiones, dales valentía. Guíales en todas las cosas para que sólo busquen tu gloria y el bienestar de tu Iglesia; mediante Jesucristo nuestro Señor. *Amén.*

En Nombre de Dios y de esta diócesis (congregación), comisiono a [*N.*] como diputado a la Convención General (delegado a la convención diocesana) [y le entrego este _______ como señal de su ministerio].

3. Acólitos

Padrino Presento a estas personas para que sean admitidas al ministerio de acólitos en esta congregación.

Antífona

No sean negligentes, porque el Señor les ha escogido para que estén en su presencia, le sirvan, y sean ministros.

V. Iré al altar de Dios:
R. Al Dios de mi alegría y de mi gozo.

Oremos. *(Silencio)*

Oh Dios, Padre bondadoso: Bendice a los acólitos de tu Iglesia para que puedan servir en tu altar terrenal con reverencia y santidad, y para que puedan lograr con todos tus santos y ángeles, el gozo de servirte y adorarte en tu altar celestial; mediante Jesucristo nuestro Señor. *Amén.*

En Nombre de Dios y de esta congregación, comisiono a [*N.*] como acólito de esta *parroquia* [y le entrego este _______ como señal de su ministerio].

4. Miembros de la Cofradía del Altar y sacristanes

Padrino Presento a estas personas para que sean admitidas al ministerio de la Cofradía del Altar (Sacristán) en esta congregación.

Antífona

Los levitas eran responsables del arca, de la mesa, del candelabro, de los altares, de los vasos sagrados del santuario con que oficiaban los sacerdotes.

V. En el templo del Señor todos claman, "¡Gloria!":
R. La santidad adorna tu casa, eternamente, oh Señor.

Oremos. *(Silencio)*

Oh Dios, tú aceptaste en tu templo el servicio de los levitas, y tu Hijo aceptó, complacido, el servicio amoroso de sus amigos: Bendice el ministerio de estas personas, y dales gracia para que al cuidar de los vasos sagrados y vestimentas de tu culto y el adorno de tu santuario, puedan hacer glorioso el lugar de tu presencia; mediante Jesucristo nuestro Señor. *Amén.*

En Nombre de Dios y de esta congregación, comisiono a [*N.*] como miembro de la Cofradía del Altar (Sacristán) de esta *parroquia* [y le entrego este _______ como señal de su ministerio].

5. Catequistas o maestros

Padrino Presento a estas personas para que sean admitidas al ministerio de catequista (maestro) en esta congregación.

Antífona

Inscribiré mis palabras en sus corazones; y las enseñarán diligentemente a sus hijos, hablando de ellas cuando se sienten en sus casas, cuando anden por el camino, cuando se acuesten, y cuando se levanten.

V. Contaremos a las generaciones venideras los hechos portentosos y el poder del Señor:
R. Y las obras maravillosas que ha hecho.

Oremos. *(Silencio)*

Dios de toda sabiduría y conocimiento, concede tu bendición y guía a todos los que enseñan en tu Iglesia, para que con la palabra y el ejemplo puedan dirigir a los que enseñan a conocerte y amarte; mediante Jesucristo nuestro Señor. *Amén.*

En Nombre de Dios y de esta congregación, comisiono a [*N.*] como catequista (maestro) de esta *parroquia* [y le entrego este _______ como señal de su ministerio].

6. Evangelistas

Padrino	Presento a estas personas para que sean admitidas al ministerio de evangelistas en esta congregación.

Antífona

Los dones del Señor hicieron a unos apóstoles, a otros profetas, a otros evangelistas, a otros pastores y maestros, a fin de equipar a los santos para la obra del ministerio, para la edificación del cuerpo de Cristo.

V. Proclamen su gloria y sus maravillas en todos los pueblos entre las naciones:
R. Digan a las naciones: "¡El Señor es Rey!"

Oremos. *(Silencio)*

Padre misericordioso, tu Hijo, antes de ascender a la gloria, declaró que tu pueblo recibiría el poder del Espíritu Santo para dar de él testimonio hasta los confines de la tierra: Sé con todos los que salen en tu Nombre. Que tu amor brille en su testimonio, para que los ciegos vean, los sordos oigan, los cojos anden, los muertos sean resucitados y a los pobres se les predique las buenas nuevas; mediante Jesucristo nuestro Señor. *Amén.*

En Nombre de Dios y de esta congregación, comisiono a [*N.*] como evangelista de esta *parroquia* [y le entrego este _______ como señal de su ministerio].

7. Cantores

Padrino	Presento a estas personas para que sean admitidas al ministerio del canto (cantor) (miembros del coro) en esta congregación.

Antífona

Canten al Señor, bendigan su Nombre, proclamen de día en día su salvación.

V. Vengan, cantemos al Señor:
R. Cantemos con júbilo a la roca de nuestra salvación.

Oremos. *(Silencio)*

Oh Dios, que inspiraste al rey David a escribir cánticos y escoger cantores para tu culto: Concede gracia a los cantores de tu Iglesia, para que con salmos, himnos y cánticos espirituales, puedan cantar y hacer música para la gloria de tu Nombre; mediante Jesucristo nuestro Señor. *Amén.*

En Nombre de Dios y de esta congregación, comisiono a [*N.*] como cantor de esta *parroquia* [y le entrego este _______ como señal de su ministerio].

8. Directores de música, organistas y otros músicos

Padrino Presento a esta persona para que sea admitida al ministerio de organista y director de la música en esta congregación.

Antífona

David mandó al jefe de los levitas que nombrara músicos para que tocaran fuertemente instrumentos musicales: Arpas, liras y címbalos, que produjeran sonidos de gozo.

V. Cuando cantaban para alabar al Señor:
R. La gloria del Señor llenó la casa de Dios.

Oremos. *(Silencio)*

Oh Dios, en cuya adoración celestial se deleitan los santos y ángeles: Hazte presente con tus siervos que buscan perfeccionar por el arte y la música las alabanzas ofrecidas por tu pueblo en la tierra; concede que, aun ahora, vislumbren tu belleza y hazlos dignos de contemplarla claramente y para siempre; por Jesucristo nuestro Señor. *Amén.*

En Nombre de Dios y de esta congregación, comisiono a [*N.*] como organista y director del coro de esta *parroquia* [y le entrego este _______ como señal de su ministerio].

9. Lectores

Padrino	Presento a estas personas para que sean admitidas al ministerio de lector en esta congregación.

Antífona

Leyeron del libro de la ley de Dios, claramente consintieron con todo de manera que el pueblo entendió la lectura.

V. Lámpara es a mis pies tu palabra:
R. Y lumbrera a mi camino.

Oremos. *(Silencio)*

Dios omnipotente, cuyo bendito Hijo leyó las sagradas escrituras en la sinagoga: Mira benignamente a los lectores de tu Iglesia, e ilumínales de tal modo con sabiduría y entendimiento que puedan leer tu santa Palabra para la gloria de tu Nombre, y para la edificación de tu pueblo; mediante Jesucristo nuestro Señor. *Amén.*

En Nombre de Dios y de esta congregación, comisiono a [*N.*] como lector de esta *parroquia* [y le entrego este _______ como señal de su ministerio].

10. Los que administran el cáliz

Padrino Presento a estas personas que han sido elegidas y autorizadas para administrar el cáliz en esta congregación.

Antífona

La copa de bendición que bebemos es una participación en la Sangre de Cristo. El pan que partimos es una participación en el Cuerpo de Cristo.

V. Cuantas veces coman de este pan y beban de este cáliz:
R. La muerte del Señor anuncian hasta que vuelva.

Oremos. *(Silencio)*

Concede, Dios omnipotente, que los que ministran la copa de bendición puedan vivir en amor y santidad según tu mandamiento, y que finalmente entren al gozo de tu banquete celestial con todos tus santos en luz; mediante Jesucristo nuestro Señor. *Amén.*

En Nombre de Dios y de esta congregación, comisiono a [*N.*] para administrar el cáliz en esta *parroquia* [y le entrego este _______ como señal de su ministerio].

11. Lectores laicos autorizados

Padrino Presento a esta persona autorizada por el obispo para el ministerio de lector laico en esta diócesis.

Antífona

Hay diversidad de dones, pero el Espíritu es el mismo; hay diversidad de ministerios, pero el Señor es el mismo; hay diversidad de operaciones, pero es el mismo Dios, que obra todo en todos.

V. Que la palabra de Cristo more abundantemente en ustedes:
R. Háganlo todo en el Nombre del Señor Jesús.

Oremos. *(Silencio)*

Oh Señor, mira con misericordia a estos que has llamado para ser lectores laicos de tu Iglesia; concédeles que puedan estar tan llenos de tu Espíritu Santo, que buscando tu gloria y la salvación de las almas, ministren tu Palabra con firme devoción, y que por medio de la constancia de su fe y la pureza de sus vidas, adornen todas las cosas con la doctrina de Cristo, nuestro Salvador, quien vive y reina por los siglos de los siglos. *Amén.*

En Nombre de Dios y de esta congregación, comisiono a [*N.*] como lector laico autorizado de esta *parroquia* [y le entrego este _______ como señal de su ministerio].

12. Visitadores parroquiales

Padrino Presento a estas personas para que sean admitidas al ministerio de visitador parroquial en esta congregación.

Antífona

La religión pura y sin mácula delante de Dios y el Padre es ésta: Visitar a los huérfanos y a las viudas en sus tribulaciones, y guardarse sin mancha del mundo.

V. Señor, que no se olvide a los necesitados:
R. Ni se arranque la esperanza a los pobres.

Oremos. *(Silencio)*

Oh Dios, tu Hijo Jesucristo dijo que le servimos cuando vestimos al desnudo, alimentamos al hambriento, damos de beber al sediento, y visitamos al enfermo encarcelado: Sé con todos los que siguiendo el mandato de tu Cristo, visitan a tu pueblo en tu Nombre; que vive y reina por los siglos de los siglos. *Amén.*

En Nombre de Dios y de esta congregación, comisiono a [*N.*] como visitador de esta parroquia [y le entrego este _______ como señal de su ministerio].

13. Miembros de grupos de oración

Padrino Te presento a *estas personas* que han aceptado el ministerio especial de la oración intercesora en esta congregación.

Antífona

Gócense siempre, oren sin cesar, den gracias en todo, porque esta es la voluntad de Dios para con ustedes en Cristo Jesús.

V. En verdad, Dios me ha oído:
R. Ha escuchado la voz de mi oración.

Oremos. *(Silencio)*

Oh Dios, cuyo Hijo nuestro Señor la noche en que fue traicionado oró por sus discípulos: Escucha las oraciones de todos los que aceptan el trabajo y ministerio de interceder por otros, para que colmen sus necesidades y se haga tu voluntad; mediante Jesucristo nuestro Sumo Sacerdote. *Amén.*

[*N.*], en Nombre de Dios y de esta congregación, reconozco tu ministerio de intercesión en esta *parroquia* [y te entrego este ________ como señal de tu ministerio].

14. Solicitadores parroquiales de mayordomía

Padrino Presento a estas personas que han aceptado el ministerio de solicitador parroquial de mayordomía en esta congregación.

Antífona

Dios que proporciona la semilla para la siembra y el pan para la comida, proporcionará y producirá semilla para una cosecha abundante.

V. Cada uno haga lo que propuso en su corazón, no de mala gana ni por compromiso:
R. Porque Dios ama al dador alegre.

Oremos. *(Silencio)*

Señor Jesucristo, tú enviaste trabajadores para preparar tu venida: Sé con todos aquellos que salen en tu Nombre, para que por medio de su testimonio y compromiso, muchos corazones se conviertan a ti, que vives y reinas por los siglos de los siglos. *Amén.*

En Nombre de Dios y de esta congregación, comisiono a [*N.*] como solicitador parroquial de mayordomía de esta *parroquia* [y le entrego este _______ como señal de su ministerio].

15. Funcionarios de organizaciones de la iglesia

Padrino	Presento a estas personas para ser instaladas como _______ de _______ en esta congregación.

Antífona

Dios no se olviará de su trabajo ni del amor que despliegan en su nombre.

V. Enséñame a cumplir tu voluntad,
porque tú eres mi Dios:
R. Que tu buen Espíritu me guíe por tierra llana.

Oremos. *(Silencio)*

Considera, oh Señor, nuestras súplicas, y confirma con tu bendición celestial a tus siervos que hoy aceptamos en el ministerio (oficio) de _______ ; para que con sincera devoción de cuerpo y mente puedan ofrecerte un servicio aceptable a tu divina Majestad; mediante Jesucristo nuestro Señor. *Amén.*

En Nombre de Dios y de esta congregación, acepto a [*N.*] para la función de _______ de _______ [y le entrego este _______ como señal de su ministerio].

16. Otros ministerios laicos

Padrino Presento a estas personas para ser recibidas al ministerio de _______ en esta congregación.

Se puede usar la siguiente antífona, versículo y colecta, o alguna otra.

Antífona

Sean mis testigos, dice el Señor, y mis siervos escogidos.

V. Den gracias al Señor e invoquen su Nombre:
R. Den a conocer sus obras entre las gentes.

Oremos. *(Silencio)*

Considera nuestra súplica, oh bondadoso Señor, y confirma tu bendición celestial a tus siervos comisionados para ministrar en tu Iglesia, para que con sincera devoción de mente y cuerpo puedan ofrecerte un servicio aceptable; mediante Jesucristo nuestro Señor. *Amén.*

En Nombre de Dios y de esta congregación, comisiono a [*N.*] como _______ de esta *parroquia* [y le entrego este _______ como señal de su ministerio].

Cuando se use esta fórmula con la Eucaristía, el rito continúa con (la Oración de los Fieles y) el intercambio de la Paz.

Se puede usar la colecta siguiente después de la Oración de los Fieles:

Oh Señor, sin tu ayuda lo que hagamos es vano: Te suplicamos que prosperes la obra que según tu santa voluntad se realiza en tu Iglesia. Concede a tus ministros una intención pura, una fe paciente, éxito en sus labores terrenales y bienaventuranza al servirte en el cielo; mediante Jesucristo nuestro Señor. *Amén.*

Cuando se use con el Oficio Diario, el rito continúa con la oración anterior y con el intercambio de la Paz.

Cuando se use separadamente, termina con la oración anterior, el Padre Nuestro, el intercambio de la Paz, y una bendición.

Lecturas Bíblicas

Cuando se use como un rito aparte, se puede usar, a discreción del Celebrante, una de las siguientes lecturas:

Números 11:16-17 (Reúneme setenta varones de los ancianos de Israel)
Deuteronomio 4:1-2, 9 (Oye los estatutos y decretos que yo les enseño)
1 Crónicas 9:26-30, 32 (Algunos de éstos tenían a su cargo los utensilios para el ministerio)
Nehemías 8:1-4a, 5-6, 8 (Esdras lee la Ley de Moisés al pueblo)
Romanos 12:6-12 (Teniendo diferentes dones, según la gracia recibida)
2 Corintios 4:2, 5-6 (Tenemos este ministerio por la gracia de Dios)
Colosenses 3:12-17 (Canten salmos, himnos y cánticos espirituales)
Hebreos 6:9-12 (Dios no es injusto para olvidar la obra de ustedes)
San Mateo 5:14-16 (Ustedes son la luz del mundo)
San Marcos 4:2-9 (Un sembrador salió a sembrar)
San Lucas 12:35-37 (El vendrá a servirles)
San Juan 6:(1-7) 8-13 (Aquí hay un muchacho que tiene cinco panes de cebada)

Dedicación de los muebles y ornamentos de una iglesia

De acuerdo con una tradición venerable, los muebles y ornamentos de iglesia son consagrados al empezar a usarse para el fin que fueron confeccionados. Si se desea usar un rito de dedicación, puede usarse una de las siguientes fórmulas en la celebración eucarística después del sermón (y Credo), o en el Oficio Diario cuando se cante el himno o antífona después de las colectas.

Las antífonas prescritas pueden leerse o cantarse por todos, o bien por el Celebrante, o por alguna otra persona.

Si se desea una fórmula más larga, la presentación, los versículos y oraciones de las páginas xxx se pueden usar con la fórmula propia.

1. **Un altar** *(reservado para el obispo)*

La dedicación de un altar se celebra inmediatamente antes de la Paz.

Antífona

Levántate y sube a Betel, y quédate allí, y haz un altar a nuestro Dios.

V. Iré al altar de Dios:
R. Al Dios de mi alegría y mi gozo.

Oremos. *(Silencio)*

El obispo, de pie frente a la mesa extendiendo los brazos dice:

Te alabamos, poderoso y eterno Dios, porque por nosotros y por nuestra salvación, enviaste a tu Hijo Jesucristo para nacer entre nosotros, a fin de que por medio suyo podamos ser tus hijos e hijas.
Bendito sea tu Nombre, Señor Dios.

Te alabamos por su vida en la tierra, y por su muerte en la cruz, en la cual se ofreció a sí mismo en perfecto sacrificio.
Bendito sea tu Nombre, Señor Dios.

Te alabamos por haberle levantado de los muertos, y por exaltarle para ser nuestro gran Sumo Sacerdote.
Bendito sea tu Nombre, Señor Dios.

Te alabamos por enviarnos tu Espíritu Santo para santificarnos y unirnos a tu santa Iglesia.
Bendito sea tu Nombre, Señor Dios.

El obispo pone una mano sobre la mesa, y prosigue diciendo:

Señor Dios, óyenos. Santifica esta mesa que a ti dedicamos. Que sea un signo del altar celestial donde tus santos y ángeles te alaban por siempre. Acepta aquí la continua rememoración del sacrificio de tu Hijo. Concede que todos los que coman y beban de esta mesa, sean alimentados y refrescados por su carne y sangre, perdonados sus pecados, unidos los unos a los otros y fortalecidos para tu servicio.
Bendito sea tu Nombre, Padre, Hijo y Espíritu Santo; ahora y por siempre. Amén.

Entonces se pueden repicar las campanas y tocar la música. Si se desea, el obispo puede incensar el altar. Entonces los miembros de la congregación visten el altar y colocan sobre él los vasos sagrados y prenden los cirios. Luego la liturgia continúa con la Paz.

2. Una pila bautismal *(reservado para el obispo)*

Es aconsejable que la consagración de una pila bautismal se celebre en un servicio público de Bautismo, en cuyo caso se inserta lo siguiente inmediatamente antes de la Acción de Gracias sobre el Agua, página 226 del Libro de Oración Común. De otra forma, se celebra según se describe en las páginas xx-xxx de este libro.

Antífona

Arrepiéntanse y bautícense cada uno en el Nombre de Jesucristo.

V. Todos los que hemos sido bautizados en Cristo:
R. Nos hemos revestido de Cristo.

Oremos. *(Silencio)*

Padre, te damos gracias porque por las aguas del Bautismo hemos muerto al pecado pero somos renovados en Cristo. Concede que por medio de tu Espíritu los que aquí hayan de bautizarse, puedan gozar de la libertad y el esplendor de los hijos de Dios; mediante Jesucristo nuestro Señor. *Amén.*

Dedicamos esta pila bautismal en el Nombre del Padre, y del Hijo y del Espíritu Santo. *Amén.*

Si se desea, el obispo puede incensar la pila bautismal.

Cuando haya personas para bautizar, se vierte agua en la pila y el obispo prosigue a decir la Acción de Gracias sobre el Agua.

Si la consagración de la pila bautismal se celebra en un servicio diferente al del Santo Bautismo (se puede vertir agua en la pila), el obispo dice:

	El Señor sea con ustedes
Pueblo	Y con tu espíritu.
Celebrante	Demos gracias al Señor nuestro Dios.
Pueblo	Es justo darle gracias y alabanza.

El obispo, de cara a la pila, dice:

Te damos gracias, Padre todopoderoso, por el don del agua. Sobre ella, el Espíritu Santo se movía en el principio de la creación. A través de ella, sacaste a los hijos de Israel de la esclavitud en Egipto a la tierra prometida. En ella, tu Hijo Jesús recibió el Bautismo de Juan y fue ungido por el Espíritu Santo como el Mesías, el Cristo, que habría de sacarnos, por su muerte y resurrección, de la esclavitud del pecado a la vida eterna.

Te damos gracias, Padre, por el agua del Bautismo. En ella, somos sepultados con Cristo en su muerte. Por ella, participamos de su resurrección. Mediante ella, nacemos de nuevo por el Espíritu Santo. Por tanto, en gozosa obediencia a tu Hijo, traemos a su comunión a los que, por fe, se acercan a él, bautizándolos en el Nombre del Padre, y del Hijo y del Espíritu Santo.

Concede, por el poder de tu Espíritu Santo, que aquellos que aquí son purificados del pecado y nacidos de nuevo, permanezcan para siempre en la vida resucitada de Jesucristo nuestro Salvador.

A él, a ti y al Espíritu Santo, sea todo honor y gloria, ahora y por siempre. *Amén.*

3. Cálices y patenas *(tradicionalmente reservado para el obispo)*

Antífona

Gusten y vean qué bueno es el Señor:
Dichoso el hombre que confía en él.

V. El cáliz de bendición que bendecimos es la comunión de la Sangre de Cristo.
R. El pan que partimos, es la comunión del Cuerpo de Cristo.

Oremos. *(Silencio)*

Dios todopoderoso, cuyo bendito Hijo instituyó el sacramento de su Cuerpo y Sangre: Concede que todos los que recibamos los Santos Misterios de estos vasos que ahora consagramos para el uso en tu iglesia, puedan ser sustentados por su presencia y gocemos para siempre de su bendición celestial; quien vive y reina en la gloria eterna. *Amén.*

4. Una campana

Antífona

Su sonido se ha escuchado en toda la tierra, y su mensaje ha llegado a los confines de la tierra.

V. Yo les llamo, pueblo mío:
R. Mi voz es para los hijos de Dios.

Oremos. *(Silencio)*

Oh Dios, acepta la ofrenda de esta campana que hoy consagramos [y que le damos el nombre de _______]: Concede que en esta generación y en las venideras, su tañido continúe llamando a tu pueblo para alabarte y adorarte; mediante Jesucristo nuestro Señor. *Amén.*

5. Una cruz

Antífona

Nos gloriaremos en la cruz de nuestro Señor Jesucristo, en quien está nuestra salvación, nuestra vida y resurrección.

V. Cristo por nosotros se hizo obediente hasta la muerte:
R. Y muerte de cruz.

Oremos. *(Silencio)*

Oh clemente Dios, que en tu misericordia ordenaste que tu Hijo sufriera muerte en la ignominiosa cruz: Te damos gracias porque ella se convirtió en signo de triunfo y baluarte de nuestra salvación; te pedimos que esta cruz pueda atraer nuestros corazones hacia él, quien nos lleva a la gloria de tu reino; donde vives y reinas por los siglos de los siglos. *Amén.*

6. Candeleros y lámparas

Antífona

Delante del trono ardían siete lámparas de fuego, que son los siete espíritus de Dios.

V. Tú, oh Señor, eres mi lámpara:
R. Mi Dios, tú haces resplandecer mi oscuridad.

Oremos. *(Silencio)*

Padre celestial, que nos revelaste la visión de tu Hijo en medio de los candeleros, y la de tu Espíritu en siete lámparas de fuego delante de tu trono: Concede que estas luces (lámparas), que van a encenderse para gloria tuya sean para nosotros un signo de tu presencia y la promesa de luz eterna; mediante Jesucristo nuestro Señor. *Amén.*

7. Manteles de altar y frontales

Antífona

Esta es la ofrenda que recibirás del pueblo: Oro, plata y bronce, paño azul, púrpura y carmesí y lino finamente tejido.

V. Oh Señor, mi Dios, cuán excelente es tu grandeza:
R. Estás revestido con majestad y esplendor.

Oremos. *(Silencio)*

Oh Dios glorioso, todas tus obras proclaman tu perfecta belleza: Acepta nuestra ofrenda de _______ , y concede que pueda adornar este santuario y proclamar tu gloria; mediante Jesucristo nuestro Señor. *Amén.*

8. Libro para el altar

Antífona

Glorifiquen al Señor todas sus obras; alábenle y exáltenle para siempre.

V. Todos los reyes se inclinarán ante él:
R. Todas las naciones le servirán.

Oremos. *(Silencio)*

Bendícenos, oh Señor de los ejércitos, al usar este _______ que dedicamos a tu servicio, concede que así como tus santos y ángeles siempre te sirven en el cielo, así te adoremos dignamente en la tierra; mediante Jesucristo nuestro Señor. *Amén.*

9. Una biblia, leccionario o libro de los evangelios

Antífona

Todo lo que anteriromente fue escrito se escribió para nuestra enseñanza, a fin de que por la constancia y el estímulo de las Escrituras, tengamos esperanza.

V. Jesús les abrió el entendimiento:
R. Para entender las escrituras

Oremos. *(Silencio)*

Oh Padre celestial, cuyo bendito Hijo enseñó a los discípulos por medio de las escrituras las cosas concernientes a él: Acepta esta _______ que hoy dedicamos, y concede que diligentmente podamos escudriñar tu santa palabra para que podamos encontrar en ella el camino que lleva a la salvación; mediante Jesucristo nuestro Señor. *Amén.*

10. Un facistol para las escrituras

Antífona

Cuando acabó Moisés de escribir las palabras de la ley en un libro, ordenó a los levitas: Tomen este libro y pónganlo al lado del arca del pacto del Señor su Dios.

V. Nuestro corazón ardía en nosotros:
R. Cuando Jesús nos abría las escrituras.

Oremos. *(Silencio)*

Dios todopoderoso, que declaraste tu voluntad a los profetas y sabios de Israel, y revelaste tu gloria en la palabra hecha carne: Acepta, te pedimos, este facistol para las santas escrituras, y concede que por medio de la oración y el culto, te conozcamos cuando hoy nos hables; mediante Jesucristo nuestro Señor. *Amén.*

11. Un sagrario o tabernáculo para el sacramento

Antífona

Aarón pondrá el pan en la mesa de oro puro delante del Señor a nombre del pueblo de Israel, como pacto eterno.

V. Todas las veces que coman este pan y beban este cáliz:
R. La muerte del Señor anuncian hasta que venga.

Oremos. *(Silencio)*

Oh Señor Dios, Padre de nuestro Salvador Jesucristo, quien antes de su pasión instituyó el sacramento de su Cuerpo y Sangre: Concede que en este sagrario (tabernáculo) que hoy dedicamos a tu servicio, se pueda guardar seguro los signos visibles de tu pacto, y que manifestemos tu muerte y resurrección hasta que vuelvas en gloria; que vives y reinas por los siglos de los siglos. *Amén.*

12. Sagrario para los óleos

Antífona

Los isaraelitas y los levitas traerán a los cuartos donde se guardan los vasos sagrados del santuario, aceite y vino nuevo.

V. Ungiste mi cabeza con aceite.
R. Mi copa está rebosando.

Oremos. *(Silencio)*

Oh Señor Dios de los ejércitos, que ordenaste a los sacerdotes del Antiguo Pacto que separaran aceite para ungir a reyes y sacerdotes, y por tu apóstol Santiago ordenaste a los prebíteros de tu Iglesia que ungieran a los enfermos: Te ofrecemos este sagrario para proteger los óleos que reservamos para la unción del bautismo y para el ministerio de la sanidad; por medio de él que fue ungido como el Cristo, y que vive y reina por los siglos de los siglos. *Amén.*

13. Un ambón o atril

Antífona

Jesús, en el día de reposo, conforme a su costumbre, entró en la sinagoga, y se levantó a leer.

V. Lámpara es a mis pies tu palabra:
V. Y lumbrera a mi camino.

Oremos. *(Silencio)*

Dios todopoderoso, en cada época has hablado por medio de profetas, pastores y maestros: Purifica la vida y los labios de los que lean y proclamen tu santa palabra desde este ambón, que hoy dedicamos, para que solamente tu palabra sea proclamada y solamente ella sea oída; mediante Jesucristo nuestro Señor. *Amén.*

14. Sillas, bancos y reclinatorios

Antífona

Alrededor del trono celestial había otros veinticuatro tronos en donde se sentaban veinticuatro ancianos.

V. El Señor ha dispuesto un trono en el cielo:
R. Y su reinado tiene dominio sobre todas las cosas.

Oremos. *(Silencio)*

Oh Señor Dios todopoderoso, tú revelaste en una visión a los ancianos que estaban sentados alrededor de tu trono: Acepta esta silla para el uso de los que han sido llamados a ministrar en tu santuario terrenal, y concede que quienes aquí te sirvan, puedan hacerlo con reverencia y amor, a tu honor y gloria; mediante Jesucristo nuestro Señor. *Amén.*

15. Ventanas de vidrios de colores

Antífona

Haré ventanas de ágata, y sus bordes los adornaré con piedras preciosas.

V. Contemplen el arco iris, y alaben a quien los hizo:
R. Qué bello es su esplendor.

Oremos. *(Silencio)*

Oh Señor Dios, todo el universo está lleno con el resplandor de tu gloria: Acepta nuestra ofrenda de esta ventana que ahora dedicamos para el adorno de este lugar y la inspiración de tu pueblo. Permite que así como la luz resplandece a través de sus colores, así nuestras vidas demuestren la belleza de los múltiples dones de tu gracia; mediante Jesucristo nuestro Señor. *Amén.*

16. Cuadros y estatuas

Antífona

Cristo es la imagen del Dios invisible; todas las cosas fueron creadas por él y para él.

V. El Verbo se hizo carne:
R. Y habitó entre nosotros.

Oremos. *(Silencio)*

Dios todopoderoso, cuyo Hijo nuestro Salvador manifestó su gloria en la carne, y santificó lo externo y visible como medio para percibir las realidades invisibles: Acepta, te pedimos, esta representación de _______ ; y concede que cuando la contemplemos, nuestro corazón sea atraído a las cosas que sólo se pueden ver con los ojos de la fe; mediante Jesucristo nuestro Señor. *Amén.*

17. Un órgano u otro instrumento musical

Antífona

Ellos cantan al son de las panderetas y la lira,
y se regocijan con el sonido de las flautas.

V. Alábenle con el sonido de la trompeta:
R. Alábenle con la lira y arpa.

Oremos. *(Silencio)*

Oh Señor, ante cuyo trono suenan las trompetas, y los santos y ángeles cantan los cánticos de Moisés y del Cordero: Acepta este órgano (instrumento) para la adoración en tu templo, a fin de que con la música proclamemos tu alabanza y así lo manifestemos a todos los pueblos; mediante Jesucristo nuestro Señor. *Amén.*

18. La naveta

Antífona

Otro ángel vino y se paró ante el altar, con un incensario de oro; y se le dio mucho incienso y el humo subió con las oraciones de los santos.

V. Los cuatro seres vivientes y los veinticuatro ancianos se postraron ante el Cordero.
R. Y todos sostenían copas de oro llenas de incienso, que son las oraciones de los santos.

Oremos. *(Silencio)*

Dios todopoderoso, cuyo Hijo unigénito recibió de los magos una ofrenda de incienso e hizo por nosotros una oblación pura anunciada por el profeta: Dedicamos a tu servicio esta naveta para que nuestras oraciones asciendan ante ti como el incienso, y que la oblación pura de nuestro Señor se proclame por todos los rincones de la tierra; mediante Jesucristo nuestro Señor. *Amén.*

19. Sobrepellices y albas

Antífona

Una gran multitud, la cual nadie podía contar, de todas las naciones y tribus y pueblos y lenguas, estaba delante del trono y en la presencia del Cordero.

V. Me ha vestido con vestiduras de salvación:
R. Me rodeó de manto de justicia.

Oremos. *(Silencio)*

Oh Dios, que ante tu trono celestial te sirven tus ministros ataviados de mantos blancos: Acepta este _______ que dedicamos para el uso de los ministros de la Iglesia, para que al servir ante tu trono terrenal, puedan adorarte en espíritu y en verdad; mediante Jesucristo nuestro Señor. *Amén.*

20. Vestimentas para la liturgia

Antífona

Harás vestiduras santas para Aarón,
para gloria y belleza.

V. Reviste a tus ministros de rectitud:
R. Y tu pueblo cante alegremente.

Oremos. *(Silencio)*

Oh Dios, tú revelaste a tu Hijo revestido de majestad y gloria: Acepta este _______ para uso del clero de tu Iglesia, a fin de que revestidos de humildad al servirte, demuestren su eterno esplendor; mediante Jesucristo nuestro Señor. *Amén.*

21. Paño mortuorio

Antífona

Me regocijaré en gran manera en el Señor; mi alma se alegrará en mi Dios.

V. Me ha revestido con vestidura de salvación:
R. Me ha rodeado con manto de justicia.

Oremos. *(Silencio)*

Oh Dios, que nos bautizaste en el Cuerpo de tu Hijo Jesucristo, y nos hiciste miembros con diferentes funciones, todos necesarios y dignos de grande honra: Haz de este paño mortuorio una señal de nuestra común feligresía en Cristo, para que conozcamos a quienes han partido de esta vida mortal, no como el mundo los estima, sino como tú los conoces y amas; mediante Jesucristo nuestro Señor. *Amén.*

22. Cualquier ornamento de iglesia

Antífona

Salomón embelleció el santuario, multiplicó los vasos del templo.

V. ¡Oh majestad y magnificencia de la presencia de Dios!:
R. ¡Oh el poder y esplendor de su santuario!

Oremos. *(Silencio)*

Oh Dios, cuyo bendito Hijo santificó y transfiguró el uso de las cosas materiales: Recibe este _______ que te ofrecemos, y concede que él proclame tu amor, beneficie tu Iglesia, y brinde gracia y alegría a quienes lo usen; mediante Jesucristo nuestro Señor. *Amén.*

Una forma más larga de dedicación

El regalo puede entregarse al Celebrante con estas palabras:

Te entrego este _______ para que sea apartado para el servicio de la santa Iglesia de Cristo.

Se puede decir los siguientes versículos y oración:

V. Todo es tuyo, oh Señor.
R. Y de lo tuyo te damos.
V. Prospera la obra de nuestras manos.
R. Prospera nuestras obras.
V. Muestra a tus siervos tus obras.
R. Y tu esplendor a tus hijos.

Oremos.

Dios todopoderoso, te damos gracias porque has grabado en el corazón de tu pueblo el deseo de hacer ofrendas para tu servicio, y te ha complacido el recibir sus dones. Sé tú ahora con nosotros y bendícenos al apartar este _______ para tu alabanza y gloria [y en memoria (honor) de _______]; mediante Jesucristo nuestro Señor. *Amén.*

Sigue ahora la fórmula propia de dedicación.

Después de la dedicación, puede decirse una o ambas de las siguientes oraciones. Los benefactores y personas que se conmemoran, pueden mencionarse alternadamente en la Oración de los Fieles.

En una conmemoración

Omnipotente Dios, recordamos hoy en tu presencia a tu siervo fiel, *N.*, y te rogamos que, habiendo abierto para él las puertas de una vida más amplia, le recibas más y más en tu grato servicio, para que, con todos los que te han servido fielmente en el pasado, participe del triunfo eterno de Jesucristo nuestro Señor; que vive y reina contigo, en la unidad del Espíritu Santo, un solo Dios, por los siglos de los siglos. *Amén.*

Por los benefactores

Bendecimos tu Nombre, oh Señor, porque te ha complacido el que tu siervo *N.* (*N.*) te ofrezca este obsequio para tu culto. Recuérdale para siempre, y permite que todos los que se beneficien de este obsequio, puedan demostrarte su agradecimiento, usándolo de acuerdo con tu voluntad; mediante Jesucristo nuestro Señor. *Amén.*

Fundación de una iglesia

Primera palada de tierra

Antes del rito, se colocan cuatro estacas en la tierra, en cada esquina donde se proyecta levantar el edificio. Se preparan tres cuerdas, dos se extienden diagonalmente, de esquina a esquina, y la tercera para encerrar el espacio. En el sitio donde se va a erigir el altar se pone una pala.

El obispo, o un sacerdote designado por él, es el Celebrante. Habiéndose revestido cerca del lugar, los ministros van con el pueblo en procesión al sitio del futuro edificio.

Durante la procesión se canta o dice esta Letanía por la Iglesia:

Dios Padre, Creador del cielo y de la tierra,
Ten piedad de nosotros.

Dios Hijo, Redentor del mundo,
Ten piedad de nosotros.

Dios Espíritu Santo, Santificador de los fieles,
Ten piedad de nosotros.

Santa, bendita y gloriosa Trinidad, un solo Dios,
Ten piedad de nosotros.

Oh Cristo, la Roca, en la que tu pueblo, como piedras vivas se une y crece en una casa espiritual;
Defiende a tu Iglesia, te suplicamos.

Oh Cristo, la Vid, de la cual tus hijos son las ramas;
Defiende a tu Iglesia, te suplicamos.

Oh Cristo, Cabeza del Cuerpo, del cual tus hijos son los miembros;
Defiende a tu Iglesia, te suplicamos.

Oh Cristo, nuestro Profeta, tú nos enseñas el camino a Dios en la verdad;
Defiende a tu Iglesia, te suplicamos.

Oh Cristo, nuestro Sacerdote, te ofreciste en la Cruz y ahora intercedes por nosotros ante el Padre;
Defiende a tu Iglesia, te suplicamos.

Oh Cristo, nuestro Rey, tú reinas sobre toda la tierra y nos haces ciudadanos de tu reino celestial;
Defiende a tu Iglesia, te suplicamos.

Oh Cristo, tú enviaste el Espíritu Santo sobre la Iglesia revistiéndola de poder desde lo alto;
Defiende a tu Iglesia, te suplicamos.

Oramos a ti, Cristo Señor.
Señor, oye nuestra oración.

Para que nos dediquemos a la enseñanza y confraternidad de los Apóstoles, al partir del pan y a las oraciones,
Señor, oye nuestra oración.

Que podamos hacer discípulos de todas las naciones, bautizándoles en el Nombre del Padre, y del Hijo y del Espíritu Santo.
Señor, oye nuestra oración.

Para que cumplas la promesa de que estarás con nosotros hasta el fin del mundo,
Señor, oye nuestra oración.

Para que fortalezcas a todos los miembros de tu santa Iglesia, a fin de que en nuestra vocación y ministerio podamos servirte verdadera y devotamente,
Señor, oye nuestra oración.

Para que bendigas al clero de tu Iglesia, a fin de que pueda predicar diligentemente el Evangelio y celebrar fielmente los santos sacramentos,
Señor, oye nuestra oración.

Para que sanes las divisiones en tu Iglesia y todos seamos uno así como tú y el Padre son uno,
Señor, oye nuestra oración.

Levántate, oh Dios, defiende tu causa;
Señor, oye nuestra oración.

Mira desde el cielo, protege y cuida tu viña;
Preserva lo que tu diestra ha plantado.

Que tus sacerdotes sean revestidos de justicia;
Y que tu pueblo fiel cante de gozo.

El Celebrante dice:

	El Señor sea con ustedes.
Pueblo	Y con tu espíritu.
Celebrante	Oremos.

Que tu constante misericordia purifique y defienda a tu Iglesia, oh Señor; y puesto que no puede continuar en seguridad sin tu auxilio, protégela y dirígela siempre en tu bondad; por Jesucristo nuestro Señor, que vive y reina contigo y el Espíritu Santo, un solo Dios, por los siglos de los siglos. *Amén.*

Gloria a Dios, cuyo poder, actuando en nosotros, puede realizar todas las cosas infinitamente mejor de lo que podemos pedir o pensar: Gloria a él en la Iglesia de generación en generación, y en Cristo Jesús por los siglos de los siglos. *Amén.*

Puede cantarse un himno.

Entonces la persona seleccionada lee:

Génesis 28:10-17

Puede seguir una plática o sermón.

Mientras se canta la siguiente antífona y salmo, las personas seleccionadas extienden diagonalmente las dos cuerdas, de noreste a suroeste, y de sureste a noroeste, amarrándolas a las estacas y formando así la letra griega X (chi), símbolo tanto de la cruz como del nombre de Cristo.

Antífona *(Se usa antes y después del Salmo)*

Vayamos a la habitación de Dios; postrémonos ante el estrado de sus pies.

Salmo 132:1-9 (10-19)

Durante la siguiente antífona y salmo, las personas seleccionadas extienden la tercera cuerda alrededor de las cuatro estacas, encerrando el espacio. Se mueven siguiendo las manecillas del reloj, comenzando y terminando en la esquina sureste.

Los ministros y el pueblo siguen en procesión.

Antífona

¡Cuán maravilloso es Dios en su santuario! ¡El Dios de Israel quien da fortaleza y poder a su pueblo! ¡Bendito sea su pueblo!

Salmo 48:1-3, 7-13

Entonces el Celebrante situándose en el lugar sonde se eregirá el altar, dice:

Puesto que los fieles desean edificar una casa de oración en este sitio, dedicada a la gloria de Dios [y en honor de _______] [que será conocida como _______], ahora marcada con el símbolo de Cristo;

Entonces, tomando la pala y rompiendo la tierra, el Celebrante continúa diciendo:

Por consiguiente, rompo la tierra para este edificio en el Nombre del Padre, y del Hijo y del Espíritu Santo.

Que en este lugar se predique el Evangelio,
se administren los Sacramentos,
y se ofrezcan oraciones y alabanzas
de generación en generación. Amén.

Entonces el Celebrante dice:

	El Señor sea con ustedes.
Pueblo	Y con tu espíritu.
Celebrante	Oremos.

Pueblo y Celebrante

Padre nuestro que estás en el cielo,
santificado sea tu Nombre,
venga tu reino,
hágase tu voluntad,
en la tierra como en el cielo.
Danos hoy nuestro pan de cada día.
Perdona nuestras ofensas,
como también nosotros perdonamos
a los que nos ofenden.
No nos dejes caer en la tentación
y líbranos del mal.
Porque tuyo es el reino,
tuyo es el poder,
y tuya es la gloria,
ahora y por siempre. Amén.

V. ¡Cuán maravilloso es Dios en su santuario!
R. Confirma, oh Dios, lo que has hecho por nosotros.
V. Sé propicio y clemente a Sión:
R. Edifica los muros de Jerusalén.

Celebrante Oremos.

Oh Señor Dios de Israel, los cielos no pueden contenerte y sin embargo tú quisiste morar en medio de tu pueblo y nos has impulsado a edificar una casa de oración: Acepta y bendice la obra que ahora hemos empezado para que pueda llegar a un feliz término, para honra y gloria de tu Nombre, mediante Jesucristo nuestro Señor, que vive y reina contigo en la unidad del Espíritu Santo, un solo Dios, por los siglos de los siglos. *Amén.*

Un diácono o el Celebrante despide al pueblo.

Colocación de la primera piedra

Si la colocación de la primera piedra se celebra antes de que se construya el edificio, se puede observar el siguiente orden:

1. Se canta un himno o antífona.
2. Se lee un pasaje apropiado de la Escritura, tal como Efesios 2:19-22.
3. Sigue una plática.
4. Se dice una oración apropiada, como la colecta del patrón o el titular de la Iglesia.
5. Entonces se coloca la piedra angular, despues de lo cual el Celebrante ora como sigue:

Oremos.

Señor Jesucristo, Hijo del Dios vivo, tú eres el esplendor de la gloria del Padre y la expresión viva de su imágen, el fundamento y piedra angular: Bendice lo que ahora hemos hecho colocando esta piedra. Sé tú el cominezo, el crecimiento y la consumación de esta obra que hemos emprendido para gloria de tu Nombre; quien con el Padre y el Espíritu Santo vive y reina, un solo Dios, por los siglos de los siglos. *Amén.*

Se pueden tocar las trompetas, y el Celebrante dice:

¡Alaben al Señor, porque el fundamento de la casa del Señor ha sido puesto!

El pueblo responde en voz alta:

¡Aleluya! ¡Aleluya! ¡Aleluya!

Puede seguir un aplauso.

6. Se canta un himno, después del cual se concluye el rito con una bendición y la despedida.

Si la colocación de la primera piedra se celebra después de que se haya construído el edificio, es conveniente que ésta se efectúe en el contexto de la celebración de la Santa Eucaristía. Después de la homilía, se canta un himno, salmo o antífona, durante lo cual todos van en procesión al sitio de la ceremonia. Se dice una oración apropiada (puede ser la colecta del patrón o titular de la Iglesia), después de la cual se procede a colocar la primera piedra. Entonces continúa el rito con la oración del Celebrante antes mencionada. Durante el himno que sigue, la procesión regresa a la iglesia donde la liturgia continúa con (el Credo y) la Oración de los Fieles.

Restauración de cosas profanadas

Cuando el edificio de una iglesia, el altar, la pila bautismal u otros objetos que hayan sido consagrados, se han profanado, pueden restaurarse al uso sagrado empleando la siguiente fórmula.

El obispo, o un presbítero, junto con los ayudantes que sean necesarios, van en procesión alrededor del exterior o interior de la iglesia o capilla, y entonces se dirigen a los objetos que hayan sido profanados.

Durante la procesión se puede cantar o decir el Salmo 118 con la siguiente antífona:

Vi agua que salía del templo; fluía del lado derecho, aleluya; y todos los que entraban en contacto con ella, eran salvos y decían, aleluya, aleluya.

Después de la procesión, el Celebrante se dirige a cada objeto profanado y puede limpiarlo simbólicamente empleando los signos de purificación, tales como agua o incienso. Luego toca o extiende una mano sobre cada objeto profanado y dice:

Declaro este _______ restaurad*o* al uso para el cual se había dedicado y consagrado.

Entonces, el Celebrante de pie en medio de la iglesia, dice:

	Nuestro auxilio está en el Nombre del Señor:
Pueblo	Que hizo los cielos y la tierra.
Celebrante	El Señor sea con ustedes.
Pueblo	Y con tu espíritu.
Celebrante	Oremos. *(Silencio)*

Dios todopoderoso, por el resplandor de la presencia de tu Hijo has purificado un mundo corrupto por el pecado: Te pedimos humildemente que continúes siendo nuestra firme defensa contra los ataques de nuestros enemigos; y concede que [este _______ , y] todo lo que en esta iglesia haya sido manchado o profanado por la malicia de Satanás o por la maldad humana, sea purificado y limpio por tu permanente gracia; permite que este lugar, depurado de toda contaminación, sea restablecido y santificado a la gloria de tu Nombre; mediante Jesucristo nuestro Señor, que vive y reina contigo y el Espíritu Santo, un solo Dios, ahora y por siempre. *Amén.*

Secularización de un edificio consagrado

El altar (o altares) y todas las cosas que hayan sido consagradas y dedicadas y que se vayan a preservar, son retiradas del edificio antes de comenzar el rito.

El obispo, o un ministro designado por el obispo, preside.

El clero de la congregación, los guardianes y otras personas que deseen participar, se congregan en el edificio.

El ministro que preside, empleando éstas u otras palabras similares, dice:

Los que estamos aquí reunidos sabemos que este edificio que ha sido consagrado y dedicado para el ministerio de la santa palabra de Dios y de los sacramentos, ya no se usará para tales fines, sino que se destruirá (o se usará para otros propósitos).

Para muchos de ustedes, este edificio ha sido santificado con gratas memorias, y sabemos que algunos de ustedes van a tener un sentido de pérdida. Oramos para que estas personas reciban consuelo al saber que la presencia de Dios no está ligada a ningún lugar ni a ningún edificio en particular.

El altar ha sido removido para evitar su profanación.

Es la intención de la diócesis que la congregación que ofreció culto aquí no quede privada del ministerio de la Palabra y los sacramentos.

Que se lea ahora la declaración de secularización escrita por el obispo.

Entonces un guardián u otra persona que haya sido designada, lee la declaración del obispo, que reza como sigue:

En el Nombre del Padre, y del Hijo y del Espíritu Santo. Amén.
En el _______ día de _______ , del año de nuestro Señor _______ , este edificio fue debidamente dedicado y consagrado en honor de _______ [y denominado _______], por *N.N.*, obispo de _______ .
La declaración de consagración ha tenido vigencia hasta la presente fecha.
Yo, *N.N.*, obispo de _______ , por medio de la presente, revoco la susodicha declaración [expedida por mi antecesor] y eximo este edifico y todos los objetos que en él queden de todo uso formal y legal, según las leyes de este país.
Este edificio ahora ha sido secularizado, y declaro que ya no está sujeto a mi jurisdicción canónica.

Esta declaración que se proclamará públicamente ante testigos congregados en dicho edificio, se expedirá bajo mi puño y sello, en la ciudad de _______ , estado (provincia) de _______, diócesis de _______ , en este ________ día de _______ , año de nuestro Señor _______ .

(Firmado) ______________
Obispo de ______________

Después de haber sido leída la declaración anterior, el ministro que preside dice:

El Señor sea con ustedes.

Pueblo Y con tu espíritu.

Ministro Oremos.

Ministro y Pueblo

Padre nuestro. . .

Entonces el ministro que preside dice:

Señor Dios, que en tu gran bondad una vez aceptaste para tu honra y gloria este edificio que ha sido ahora secularizado: Acepta nuestra alabanza y acción de gracias por las bendiciones, ayuda y consuelo que has prodigado a tu pueblo en este lugar. Continúa, te rogamos, concediendo tus muchas bendiciones a tu Iglesia, para que siempre seamos conscientes de tu amor inmutable; mediante Jesucristo nuestro Señor. *Amén.*

Asísitenos misericordisoamente, oh Señor, en éstas nuestras oraciones, y dispón el camino de tus siervos para lograr la salvación eterna; a fin de que entre los cambios y riesgos de este mundo, nuestros corazones se puedan afianzar donde se encuentra el gozo verdadero; mediante Jesucristo nuestro Señor. *Amén.*

El Señor nos bendiga y nos guarde. *Amén.*
El Señor haga resplandecer su faz sobre nosotros,
y nos sea propicio. *Amén.*
El Señor dirija a nosotros su rostro,
y nos dé paz. *Amén.*

Aquí puede intercambiarse la Paz.

Ritos episcopales

Consagración del crisma aparte del bautismo

En el rito del bautismo se ha previsto la consagración del crisma para que el sacerdote de la congregación lo use en la celebración de los bautismos de esa iglesia durante el año.

La siguiente fórmula está destinada para usarse cuando, en ausencia de candidatos al bautismo, la consagración del crisma se celebra al tiempo de la Confirmación (véase la última rúbrica de la página 341 del Libro de Oración Común), o en alguna otra oacasión. El rito se celebra inmediatamente después de la oración de poscomunión y antes de la bendición del obispo y la despedida.

El aceite de oliva que se vaya a consagrar se prepara en una crismera u otro recipiente lo suficientemente grande para ser visto claramente por la congregación. Tradicionalmente se le añade al aceite antes del rito o momentos antes de la consagración, una pequeña cantidad de aceite de bálsamo u otra sustancia aromática.

Si se desea, el recipiente que contiene el aceite puede llevarse en procesión durante el ofertorio, lo recibe un diácono u otro ministro y lo coloca en una mesita del prebiterio hasta cuando se vaya a consagrar.

Inmediatamente después de la oración de poscomunión, la crismera se lleva al obispo, quien la coloca sobre una pequeña mesa que esté a la vista de la congregación, o sobre el altar (habiendo sido removidos de él los vasos sagrados).

El obispo, de cara al pueblo, dirige éstas u otras palabras similares:

Amados hermanos en Cristo: Al principio, el Espíritu de Dios se movía sobre la creación, y a través de la historia, Dios, por el don del Espíritu Santo, ha facultado a su pueblo para servirle. Como una señal de ese don, los sacerdotes y reyes de Israel fueron ungidos con aceite; y nuestro Señor Jesús, al ser bautizado como el Cristo, fue ungido con el Espíritu Santo, como el propio Mesías de Dios. Asímismo, los cristianos al ser bautizados son ungidos con el mismo Espíritu capacitándoles para servir a Dios. Dediquemos ahora este aceite para que sea el signo de esa unción.

Oremos. *(Silencio)*

El obispo pone una mano sobre el recipiente que contiene el aceite y ora:

Padre eterno, cuyo bendito Hijo fue ungido por el Espíritu Santo para ser el Salvador y siervo de todos, te suplicamos consagres este óleo, para que cuantos sean sellados con él, participen del real sacerdocio de Jesucristo; quien vive y reina contigo y el Espíritu Santo, por los siglos de los siglos. *Amén.*

La liturgia entonces concluye en la forma acostumbrada con la bendición del obispo y la despedida.

Propio para la consagración del crisma

Si es necesario consagrar por separado el crisma en un rito diocesano, se puede usar el siguiente propio:

Colecta

Dios todopoderoso, que por el poder del Espíritu Santo ungiste a tu Hijo para ser Mesías y Sacerdote para siempre, concede que todos los que has llamado a tu servicio, confiesen la fe de Cristo crucificado, proclamen su resurrección, y participen en su sacerdocio eterno; que vive y reina contigo en la unidad del mismo Espíritu, un solo Dios, ahora y por siempre. *Amén.*

Antiguo Testamento Isaías 6:1-8
Salmo 23, *u* 89:20-29
Epístola Apocalipsis 1:4-8
Evangelio San Lucas 4:16-21

Reafirmación de votos de ordenación

Esta fórmula es para ser usada en una celebración de la Eucaristía cuando el clero esté reunido con el obispo.

También puede ser usada en la recepción de un presbítero que venga de otra comunión cristiana o en la restauración al ministerio.

Si se hace la renovación de los votos el Jueves Santo, deberá hacerse en la celebración de la Eucaristía en vez de hacerlo durante la liturgia propia del día.

Se puede usar la siguiente colecta:

Dios omnipotente, dador de toda buena dádiva, por tu divina providencia has establecido diversas órdenes en tu Iglesia: Otorga tu gracia, humildemente te suplicamos, a todos los que son llamados a cualquier oficio y ministerio para tu pueblo; llénalos con la verdad de tu doctrina, y revístelos de santidad de vida, de tal modo que te sirvan fielmente, para gloria de tu excelso Nombre y para beneficio de tu santa Iglesia; por Jesucristo nuestro Señor, que vive y reina contigo, en la unidad del Espíritu Santo, un solo Dios, ahora y por siempre. *Amén.*

El salmo y las lecciones pueden ser los de Ordenación o los de la Celebración de un Nuevo Ministerio.

Después del sermón (y el Credo), el obispo se sienta en una silla delante del altar y se dirige a los que van a renovar sus votos. Estos se ponen de pie, frente al obispo, quien dice éstas u otras palabras similares:

Amados hermanos, el ministerio que compartimos no es otro que el ministerio sacrificial de Cristo, quien se dio a sí mismo a la muerte en la cruz para salvación del mundo. Por medio de su gloriosa resurrección nos ha abierto las puertas del camino de la vida eterna. Por medio del don del Espíritu Santo, comparte con nosotros las riquezas de su gracia.

Hemos sido llamados para proclamar su muerte y resurrección, para administrar los sacramentos del Nuevo Pacto que él selló con su sangre en la cruz, y para cuidar a su pueblo en el poder del Espíritu.

Ustedes aquí, en la presencia de Cristo y de su Iglesia, ¿renuevan el compromiso de su ministerio bajo la dirección pastoral de su obispo?

Respuesta Lo renuevo.

Obispo ¿Reafirman la promesa de ministrar la Palabra de Dios y los sacramentos del Nuevo Pacto para que se reconozca y reciba el amor reconciliador de Cristo?

Respuesta La reafirmo.

Obispo ¿Reafirman la promesa de ser fieles siervos para todos los que están encomendados a su cuidado, forjando sus vidas de acuerdo con las enseñanzas de Cristo, de tal manera que sean ejemplo para todo su pueblo?

Respuesta La reafirmo.

Entonces el obispo se pone de pie y hace la siguiente declaración:

Ahora yo, como su obispo, también delante de Dios y de ustedes, reafirmo las promesas que hice cuando fui ordenado. Pido sus oraciones.

Obispo y Clero

Que el Señor quien les ha dado la voluntad para hacer estas cosas, les dé también la gracia y el poder para hacerlas.

El obispo entonces dice:

La paz del Señor sea siempre con ustedes.

Pueblo Y con tu espíritu.

Se intercambia la Paz con toda la congregación.

El rito continúa con la Oración de los Fieles, o con el Ofertorio.

Cuando esta fórmula es usada para la recepción en esta Iglesia de un presbítero que venga de otra comunión cristiana (habiéndose cumplido los requisitos canónicos), o para la restauración al ministerio, el rito puede adaptarse según sea necesario, y la siguientes preguntas y respuestas deben insertarse inmediatamente antes de la declaración del obispo, según ha quedado expresado anteriormente.

¿Serás leal a la doctrina, disciplina y culto de Cristo, tal y como esta Iglesia los ha recibido? ¿Y obedecerás, de acuerdo con los cánones de esta Iglesia, a tu obispo y otros ministros que tengan autoridad sobre tu trabajo?

Respuesta

Estoy dispuesto a hacerlo así; y declaro solemnemente que creo que las Sagradas Escrituras del Antiguo y Nuevo Testamentos son la Palabra de Dios, y que contienen todas las cosas necesarias para la salvación; y me comprometo solemnemente a conformarme a la doctrina, disciplina y culto de la Iglesia Episcopal.

El presbítero recién recibido o restaurado es saludado personalmente por el obispo durante el intercambio de la Paz, y habiéndose revestido con las vestimentas correspondientes a su orden, se sitúa en el altar con el obispo para la concelebración de la Eucaristía.

Un diácono que haya sido restaurado es saludado de la misma forma y, propiamente revestido, prepara el pan y el vino para el Ofertorio.

Lo concerniente al rito

Se ofrece este orden para ser usado cuando un presbítero, a cargo de una congregación, termina su relación pastoral con ella. En otras circunstancias, acciones apropiadas de este rito pueden usarse, haciéndose las alteraciones necesarias.

Es prerrogativa del obispo estar presente y fungir como pastor principal, o nombrar un diputado. Sin embargo, la congregación y el presbítero saliente pueden despedirse sin la presencia del obispo, o del diputado. Se sugiere que este rito se lleve a efecto dentro del contexto eucarístico, que comienza del modo acostumbrado.

Rito para terminar una relación pastoral y despedida de una congregación

El ministerio de la palabra

Puede cantarse un himno, salmo o antífona.

Bendito sea Dios: Padre, Hijo y Espíritu Santo.

Pueblo Y bendito sea su reino, ahora y por siempre. Amén.

Desde el día de Pascua hasta el día de Pentecostés inclusive, en lugar de lo anterior, se dice:

Celebrante ¡Aleluya! Cristo ha resucitado.
Pueblo ¡Es verdad! El Señor ha resucitado. ¡Aleluya!

Durante la Cuaresma y en otras ocasiones penitenciales, se dice:

Celebrante Bendigan al Señor, quien perdona todos nuestros pecados.

Pueblo Para siempre es su misericordia.

Entonces el Celebrante continúa:

Hay un solo Cuerpo y un solo Espíritu;

Pueblo Hay una esperanza en el llamado que Dios nos hace;

Celebrante Un solo Señor, una sola fe, un solo Bautismo;

Pueblo Un solo Dios y Padre de todos.

Celebrante El Señor sea con ustedes.

Pueblo Y con tu espíritu.

Celebrante Oremos.

La colecta del día

En el rito principal de un domingo u otra fiesta, la colecta y lecciones apropiadas son las del día. En otras ocasiones puede usarse una de las siguientes colectas.

Dios todopoderoso y eterno, cuyo Espíritu gobierna y santifica a todo el cuerpo de tu pueblo fiel: Recibe las súplicas y oraciones que te ofrecemos por todos los miembros de tu santa Iglesia, para que en su vocación y ministerio te sirvan verdadera y devotamente; por nuestro Señor y Salvador

Jesucristo, que vive y reina contigo y el Espíritu Santo, un solo Dios, ahora y por los siglos de los siglos. *Amén.*

Dios de poder inmutable y luz eterna: Mira con favor a toda tu Iglesia, ese maravilloso y sagrado misterio; por la operación eficaz de tu providencia lleva a cabo en tranquilidad el plan de salvación; haz que todo el mundo vea y sepa que las cosas que han sido derribadas son levantadas, las cosas que han envejecido son renovadas, y que todas las cosas están siendo llevadas a su perfección, mediante aquél por quien fueron hechas, tu Hijo Jesucristo nuestro Señor, que vive y reina contigo y el Espíritu Santo, un solo Dios, ahora y por los siglos de los siglos. *Amén.*

Dirígenos, oh Señor, en todas nuestras acciones, con tu benignísimo favor, y auxílianos con tu continua ayuda; para que en todas nuestras obras comenzadas, continuadas y terminadas en ti, glorifiquemos tu santo Nombre y, finalmente, por tu misericordia, obtengamos la vida etrena; por Jesucristo nuestro Señor. *Amén.*

Padre bondadoso, te rogamos por tu santa Iglesia Católica. Llénala de toda verdad, en toda verdad, con toda paz. Donde esté corrompida, purifícala; donde esté en error, dirígela; donde se haya extraviada, refórmala. En lo que sea justa, fortalécela; por amor de Jesucristo tu Hijo nuestro Salvador. *Amén.*

Padre omnipotente, cuyo bendito Hijo, antes de su pasión, oró por sus discípulos, para que fueran uno, como tú y él son uno: Concede que tu Iglesia, congregada en amor y obediencia a ti, sea unida en un solo cuerpo por un solo Espíritu, a fin de que el mundo crea en quien tú has enviado, tu Hijo Jesucristo nuestro Señor; que vive y reina contigo y el Espíritu Santo, un solo Dios, ahora y por los siglos de los siglos. *Amén.*

o esta colecta:

Señor, tú has distribuído a tu pueblo las infinitas dádivas de tu Espíritu: Concede que tu Iglesia, ante los cambios del mundo, permanezca firme y sea fortalecida en su ministerio, a través de las continuas efusiones de tus dones; mediante Jesucristo, nuestro Señor, que vive y reina contigo y el Espíritu Santo, un solo Dios, por los siglos de los siglos. *Amén.*

Ministerio de la palabra

Antiguo Testamento

Génesis 31:44-46, 48-50b (Que el Señor vigile entre nosotros cuando ya no podamos vernos el uno al otro).
Génesis 12:1-9 (Partida de Abrahán de Harán y la promesa de Dios de bendecirlo).
Deuteronomio 18:15-18 (Dios hará salir un profeta como Moisés).
Deuteronomio 32:1-9 (La despedida de Moisés).
Josué 24:1, 14-25 (La despedida de Josué).

Eclesiastés 3:1-7; 7:8, 10, 13-14 (Todo tiene su tiempo; vale más terminar un asunto que comenzarlo).
Sirac 50:1, 11-24 (El ministerio del sacerdote fiel).

Salmo **119:89-96,** *o* **Nunc Dimitis.**

Epístola

1 Corintios 3:4-11 (Pablo sembró, Apolo regó, pero Dios es quien hizo crecer la planta).
Hechos 16:9-10 (Pablo es llamado a Macedonia).
Hechos 20:17-22, 25-28, 32, 36-38b (Pablo defiende su ministerio en Efeso).
2 Tesalonicenses 2:13-3:5 (Pablo da gracias por el éxito del evangelio).
1 Tesalonicenses 5:12-25 (Pablo respalda el ministerio entre los tesalonicenses).
Filipenses 4:1-10, 23 (Alégrense siempre en el Señor).

Versículo de Aleluya: Aleluya. "Te daré instrucciones en el camino que debes seguir; te guiaré con mis ojos dice el Señor". Aleluya. (Salmo 32:9, o Salmo 25:9). Tracto: Salmo 18:33-37; Salmo 43:3-6; Salmo 78:1-8; Salmo 133).

Evangelio

San Mateo 9:35-38 (La miés es mucha , mas los obreros son pocos).
San Mateo 25:31-40 (Lo que hicieron por el más humilde, a mí lo hicieron).

San Lucas 12:35-38 (El siervo fiel).

San Lucas 17:7-10 (Somos siervos indignos, porque no hemos hecho más que cumplir con nuestras obligaciones).

San Juan 10:14-18 (El ministerio del buen pastor).

San Juan 21:15-19 (Alimenta mis ovejas).

Sermón

Puede ser apropiado que el obispo o el representante del obispo predique el sermón, en el cual se exhortará a la congregación sobre la naturaleza del ministerio.

El rito continúa con el Credo Niceno.

Terminación de una relación pastoral

Justamente antes de la Paz, el presbítero se dirige al obispo (o al representante del obispo) y a la congregación, con éstas u otras palabras similares:

El día _______ de _______ de _______ , fui instalado por el Obispo *N.* como rector de _______ . Con la ayuda de Dios, y de acuerdo a mis habilidades, he ejercido este mandato, aceptando sus privilegios y sus responsabilidades.

Después de orar y meditar profundamente, me parece que ahora debo dejar este cargo, y públicamente declaro que mi permanencia como rector de _______ termina hoy.

(El presbítero puede, si así lo desea, hablar brevemente sobre sus planes futuros).

El obispo o su representante dice:

Pueblo de ______ , ¿reconocen y aceptan el fin de esta relación pastoral?

Pueblo Sí, la aceptamos.

Si el obispo o su representante no está presente, el presbítero puede hacer una pregunta parecida a la congregación.

Después el presbítero puede dar gracias por el tiempo de su ministerio, con sus alegrías y sus tristezas, y manifestar su esperanza por el futuro de la congregación.

El presbítero puede presentar al guardián o a los guardianes, su carta de dimisión, las llaves de la parroquia, el libro para el altar, el registro parroquial, u otros símbolos apropiados a la ocasión.

El presbítero puede también dar las gracias a los representantes de las organizciones parroquiales y administrativas, e indicar que esas organizaciones continuarán funcionando.

El presbítero puede estar acompañado por los miembros de su familia, quienes pueden expresar lo que ha significado su relación con la congregación. Uno o más representantes de la congregación puede responder brevemente al presbítero y a su familia, y desearles que Dios les acompañe. También pueden hablar, si ello es apropiado, representantes diocesanos o de organizaciones de la comunidad en las cuales el presbítero o miembros de su familia han sido activos.

El obispo o el representante del obispo, puede indicar entonces las medidas que se han tomado para continuar los ministerios de la parroquia. Puede indicar el nombre del locum tenens, *del guardián mayor, u otra persona que vaya a tener responsabilidad eclesiástica, y puede pedir, si es apropiado, que otros dirigentes de la parroquia continúen su liderazgo, hasta que se instale el nuevo rector. Puede expresar sus sentimientos sobre el ministerio que está a punto de terminar.*

A continuación el presbítero saliente y la congregación dicen juntos la siguiente oración:

Oh Dios, tú nos has unido por cierto tiempo como presbítero y como pueblo, para trabajar por el mejoramiento de tu reino en este lugar: Te damos humildes y sinceras gracias por el ministerio que hemos compartido en esos años pasados.

Silencio.

Te damos gracias por tu paciencia con nosotros, no obstante nuestra ceguedad y pereza de corazón. Te damos gracias por tu perdón y misericordia en la presencia de nuestros muchos fracasos.

Silencio.

Especialmente te damos gracias porque tu presencia nunca nos ha faltado a través de todos estos años, y por el profundo conocimiento que de ti y los unos de los otros hemos obtenido.

Silencio.

Te damos gracias por aquéllos que, por medio del bautismo, hoy forman parte de esta familia cristiana. Te damos gracias por abrir de nuevo nuestros corazones y nuestras mentes, a tu Palabra, y por alimentarnos abundantemente con el sacramento del Cuerpo y la Sangre de Cristo.

Silencio.

Te rogamos ahora que permanezcas con aquellos que se van, y con los que nos quedamos, y concede que nosotros, acercándonos más a ti, podamos estar más cerca los unos de los otros, en la comunión de tus santos. Todo esto te lo pedimos por Jesucristo, tu Hijo nuestro Señor. *Amén.*

El presbítero saliente, el obispo, o el representante del obispo, dice entonces:

La paz del Señor sea siempre con ustedes.

Pueblo Y con tu espíritu.

Si se continúa con la Eucaristía, el rito prosigue con el Ofertorio.

Excepto en las fiestas mayores, el Prefacio puede ser el de los Apóstoles y Ordenaciones.

Después de la comunión

Padre todopoderoso, te damos gracias porque nos has nutrido con el santo alimento del Cuerpo y Sangre de tu Hijo, y nos unes, por medio de él, en la comunión de tu Santo Espíritu. Te damos gracias porque levantas entre nosotros siervos fieles para el ministerio de tu Palabra y Sacramentos. Especialmente te damos gracias por el trabajo de *N*. entre nosotros, y por la presencia de su familia, aquí presente. Concede que *él* y nosotros, te sirvamos en los días venideros y que siempre nos gocemos en tu gloria; y que finalmente lleguemos a tu reino celestial, por Jesucristo nuestro Señor. *Amén.*

Esta bendición puede ser dicha por el presbítero, el obispo o el representante del obispo.

Que el Señor que nos ha conducido por el sendero de la justicia y la verdad, nos guíe y nos conserve siempre en sus caminos. *Amén.*

Que el Señor, cuyo Hijo nos amó y se entregó por nosotros, nos ame siempre y nos establezca en su paz. *Amén.*

Que el Señor, cuyo Espíritu nos une y llena nuestros corazones de alegría, nos ilumine siempre y nos fortalezca en los años venideros. *Amén.*

Y que la bendición del Dios todopoderoso, Padre, Hijo y Espíritu Santo, esté y permanezca siempre con ustedes. *Amén.*

Si el presbítero saliente es el Celebrante, una de las oraciones de poscomunión del Libro de Oración Común, Santa Eucaristía, página 288, será más apropiada.

Lo concerniente al rito

Este rito está diseñado para el reconocimiento, investidura (y entronización) de un obispo que previamente haya sido ordenado y consagrado para servir en otra diócesis. Puede adaptarse a las circunstancias de uno que haya sido obispo sufragáneo y que ahora es elegido obispo diocesano, o las de un obispo coadjutor que suceda en la sede.

Preside el rito el Primado de la Iglesia, u otro obispo designado para la ocasión.

El Presidente de la Comisión Permanente de la Diócesis actúa como Guardián.

En este rito se le asignan funciones apropiadas a los representantes del presbiterado, diaconado y laicado.

Las lecturas y el salmo pueden escogerse del Propio del Día, de las señaladas para la ordenación de un obispo, o de las señaladas en la sección de ocasiones varias.

Las rúbricas preveen que el rito se celebre en la catedral. No obstante, puede celebrarse en algún otro lugar apropiado, y cuando sea necesario, el rito puede adaptarse a las circunstancias.

Una adaptación que frecuentemente debe hacerse es omitir sentar al obispo en la cátedra. En este caso, inmediatamente después del juramento, el Primado invita al pueblo a que salude a su nuevo obispo. El pueblo le aclama y aplaude y el rito continúa con el intercambio de la Paz.

Si se usa el báculo, lo lleva el obispo anterior durante la procesión de bienvenida y lo presenta al nuevo obispo en el momento señalado. Si el obispo anterior está ausente, el báculo se coloca sobre el altar antes de que comience el rito.

La biblia que se va a usar durante el juramento se coloca sobre el altar antes del rito.

Si por alguna razón no se celebra la Santa Eucaristía, el rito concluye después de la Paz, con el canto de un himno o antífona, el Padre Nuestro, la bendición del obispo y la despedida.

Reconocimiento e investidura de un obispo diocesano

El reconocimiento

Cuando los ministros y el pueblo se hayan reunido en la catedral y se hayan cerrado las puertas principales, el Primado es conducido desde la sacristía a una silla colocada frente al pueblo al pie del presbiterio.

Se forma una procesión de bienvenida, la cual se dirige por el centro de la nave hacia la puerta principal.

El nuevo obispo, ayudado por los diáconos, frente a la puerta principal, la golpea tres veces.

El guardián abre la puerta. Cuando ésta es abierta, el obispo dice en voz alta:

Abran las puertas de justicia, para entrar por ellas y dar gracias al Señor.

Guardián El Señor te sea propicio; en el Nombre del Señor te deseamos lo mejor.

Se canta un salmo o antífona durante la cual el obispo es conducido por la procesión de bienvenida a un sitio frente al Primado. Para esta ocasión es apropiado el Salmo 23 con la siguiente antífona:

Les daré un pastor amante que les apacentará con ciencia y con inteligencia.

El nuevo obispo hace la siguiente petición:

Yo, *N.N.*, a quien Dios ha ordenado para ser pastor y siervo, y quien ahora ha sido escogido para ser obispo de esta diócesis, vengo a ti con el deseo de ser reconocido e investido [y entronizado en la silla que es el símbolo de ese oficio].

El Primado contesta:

Antes de que acceda a tu petición, el representante de la diócesis debe asegurarnos que tú serás recibido como el obispo debidamente elegido.

Entonces el guardián dice:

Estamos dispuestos y deseamos hacerlo. Como Presidente del Comité Permanente, certifico que *N.N.* ha sido debidamente elegido obispo de la Diócesis de _______ por el clero y pueblo reunido en convención diocesana el _______ de _______ , de _______ , y que el consentimiento de dicha elección se ha recibido de (la mayoría de los obispos de la Iglesia con jurisdicción y de los Comités Permanentes de las diócesis) (las dos cámaras de la Convención General). Por lo tanto, presentamos a su Ilustrísima *N.N.* a fin de que sea investido para el ejercicio del oficio para el cual ha sido electo.

Entonces el Primado dice:

Que se haga la voluntad del pueblo aquí presente. ¿Reconocen y reciben a *N.* como su obispo?

Pueblo Lo reconocemos y lo recibimos.

El Primado ¿Respaldarán a *N.* en su ministerio?

Pueblo Lo respaldaremos.

El Primado, de pie, invita al pueblo a orar con éstas u otras palabras similares:

Ofrezcamos ahora oraciones por *N.*, por esta diócesis y por el pueblo de Dios.

Todos se ponen de rodillas, y la persona que ha sido señalada dirige la Letanía para las Ordenaciones, o alguna otra letanía aprobada. Al final de la letanía y después de los Kyries (que pueden cantarse por la congregación o por el coro tres, seis, o nueve veces), el Primado de pie dice:

	El Señor sea con ustedes.
Pueblo	Y con tu espíritu.
El Primado	Oremos.

El Primado dice entonces la Colecta del Día o la Colecta para Ordenaciones.

Todos se sientan, y la Liturgia de la Palabra continúa en la forma acostumbrada.

Después del sermón (y el Credo) puede seguir la siguiente renovación de los compromisos de ordenación.

El Primado se dirige al nuevo obispo con éstas u otras palabras similares:

Mi herman*o*, ha querido Dios llamarte como principal sacerdote y pastor de esta diócesis. Estoy seguro que hace mucho has meditado seriamente en la gran confianza y grave responsabilidad que este oficio conlleva. Y con el fin de que esta congregación sepa el compromiso que asumes para ser fiel a esta confianza, pido que reafirmes las promesas que hiciste cuando fuiste ordenado y consagrado obispo.

	¿Ejercerás tu ministerio en obediencia a Cristo?
Respuesta	Obedeceré a Cristo y serviré en su nombre.

El Primado	¿Serás fiel en la oración y en el estudio de las Sagradas Escrituras para que tengas la mente de Cristo?
Respuesta	Así lo haré, porque él es mi auxilio.
El Primado	¿Proclamarás e interpretarás valerosamente el evangelio de Cristo, iluminando las mentes y despertando la conciencia de tu pueblo?
Respuesta	Así lo haré, con el poder del Espíritu.
El Primado	Como principal sacerdote y pastor, ¿alentarás y sustentarás a todos los bautizados en sus dones y ministerios? ¿Los nutrirás con las riquezas de la gracia de Dios? ¿Orarás por ellos sin cesar, y celebrarás con ellos los sacramentos de nuestra redención?
Respuesta	Así lo haré en el Nombre de Cristo, Pastor y Obispo de nuestras almas.
El Primado	¿Guardarás la fe, unidad y disciplina de la Iglesia?
Respuesta	Así lo haré, por el amor de Dios.
El Primado	¿Compartirás con tus herman*o*s obispos el gobierno de toda la Iglesia? ¿Sustentarás a tus hermanos presbíteros

	y actuarás en consejo con ellos? ¿Guiarás y fortalecerás a los diáconos y a todos cuantos ministran en la Iglesia?
Respuesta	Así lo haré, por la gracia que me es dada.
El Primado	¿Serás misericordios*o* con todos? ¿mostrarás compasión a los pobres y a los extranjeros, y defenderás a los desvalidos?
Respuesta	Así lo haré, por el amor de Cristo Jesús.
El Primado	Que el Señor, que te ha dado la voluntad de hacer estas cosas, te conceda también la gracia y la fortaleza para realizarlas.
Respuesta	Amén.

La investidura

Ahora, el Primado de pie dice:

Mi herman*o*, has sido reconocid*o* como un obispo de la Iglesia y como obispo de esta diócesis. Ahora yo, *N.N.*, por la autoridad que me ha sido conferida, y con el consentimiento de quienes te han elegido, te invisto a ti, *N.N.*, como obispo de ________ , con todas las responsabilidades y derechos temporales y espirituales que conllevan ese oficio; en el Nombre del Padre, y del Hijo y del Espíritu Santo. *Amén.*

Si se va a entregar un báculo, el mismo es presentado por el anterior obispo de la diócesis, o es traído del altar y presentado por el guardián. El que entrega el báculo dice:

En nombre del pueblo y clero de la diócesis de _______ le entrego este báculo. Que Cristo, el Buen Pastor le sostenga cuando usted lo lleve en su nombre. *Amén.*

Se trae una biblia del altar, y se sostiene ante el obispo, quien, imponiendo una mano sobre ella, recita el siguiente juramento:

Yo, *N.N.*, obispo en la iglesia de Dios, debidamente investido y reconocido como obispo de esta diócesis [recibo este báculo de sus manos como señal de mi jurisdicción y de su reconocimiento] solemnemente prometo que observaré y en la medida de mis fuerzas cumpliré las responsabilidades y obligaciones de este oficio, esforzándome en todo para ser un pastor fiel del pueblo de Cristo. Que Dios me ayude. *Amén.*

El entronamiento

El Primado y el guardián escoltan ahora al obispo a la silla designada para el obispo de la diócesis. Mientras tanto se puede tocar música instrumental.

El deán de la catedral va a la cátedra del obispo y dice:

En nombre del cabildo de esta catedral y en nombre del pueblo de esta diócesis, yo te instalo, *N.*, en la silla designada para tu oficio. Que el Señor despierte en ti la llama de la santa caridad y el poder de la fe que vence al mundo. *Amén.*

El obispo se sienta y el pueblo le aclama y aplaude.

Se pueden tocar campanas y trompetas.

Después, el obispo de pie, dice:

La paz del Señor sea siempre con ustedes.

Pueblo Y con tu espíritu.

El Primado y los otros ministros saludan al obispo.

El pueblo se saluda mutuamente.

El obispo saluda al clero, a su familia y a los miembros de la congregación según convenga.

La liturgia continúa con el Ofertorio.

Los diáconos preparan la mesa.

El obispo va a la mesa del Señor como Celebrante principal y, reunido con otros obispos y presbíteros que representan la diócesis, prosigue con la celebración de la Eucaristía.

En lugar de la oración usual de poscomunión, un obispo o un presbítero dirige al pueblo en lo siguiente:

Padre todopoderoso, te damos gracias porque nos has nutrido con el santo alimento del Cuerpo y Sangre de tu Hijo, y nos unes, por medio de él, en la comunión de tu Santo Espíritu. Te damos gracias porque levantas entre nosotros siervos fieles para el ministerio de tu Palabra y Sacramentos. Te suplicamos que *N.* sea para nosotros un ejemplo eficaz en palabra y obra, en amor y paciencia, y en santidad de vida. Concede que, junto con *él*, te sirvamos ahora, y que siempre nos gocemos en tu gloria; por Jesucristo tu Hijo nuestro Señor, que vive y reina contigo y el Espíritu Santo, un solo Dios, ahora y por siempre. *Amén.*

El nuevo obispo bendice al pueblo, diciendo primero:

	Nuestro auxilio está en Nombre del Señor.
Pueblo	Que hizo el cielo y la tierra.
Obispo	Bendito sea el Nombre del Señor;
Pueblo	Desde ahora y para siempre.
Obispo	La bendición, la misericordia y la gracia de Dios omnipotente, el Padre, el Hijo y el Espíritu Santo, sean con ustedes, y permanezca con ustedes. *Amén.*

Un diácono despide al pueblo.

Lo concerniente al rito

Este rito es para usarse cuando un nuevo obispo no ha sido instalado en la cátedra de la diócesis al momento de la ordenación, o de su reconocimiento e investidura.

Normalmente, la entronización se celebra en ocasión de la primera visita que haga el obispo a la catedral.

Cuando este rito se celebra en domingo u otro día de fiesta, el Propio es del día correpondiente. En otros días, el Propio puede ser uno de los que se señalan para ocasiones varias.

No obstante, si la entronización se celebra poco después del rito de ordenación o investidura celebrado el mismo día en un lugar diferente a la catedral, se usan únicamente las ceremonias de apertura de este rito, concluyendo después del Te Deum o el Gloria in excelsis, con el Padre Nuestro, la bendición del obispo y la despedida.

Bienvenida y entronización de un obispo en la catedral

Los ministros y el pueblo se reúnen en la catedral.

La puerta principal está cerrada, el deán, el clero de la catedral (el cabildo catedralicio) y otras personas representantes del pueblo, según convenga, van en procesión por medio de la nave hacia la puerta principal. El pueblo se pone de pie.

El nuevo obispo, acompañado de dos diáconos, frente a la puerta principal, la golpea tres veces.

El guardián abre la puerta y el obispo entra y saluda al pueblo, diciendo:

La gracia y paz de Dios Padre y de nuestro Señor Jesucristo sean con ustedes.

Pueblo Y con tu espíritu.

Se canta un salmo o antífona, durante la cual el Obispo es conducido por la procesión de bienvenida a un lugar visible por todo el pueblo.

El deán, u otra persona señalada, da la bienvenida al obispo con éstas u otras palabras similares:

N.N., obispo de la iglesia de Dios, y nuestro obispo, te damos la bienvenida a la catedral, símbolo y centro de tu ministerio pastoral, litúrgico y docente de esta diócesis.

El obispo responde diciendo:

Yo, *N.N.*, tu obispo, agradezco la bienvenida. Prometo, con la ayuda de Dios, ser un fiel pastor y siervo entre ustedes. Oro para que el ministerio que vamos a compartir sea agradable a Dios y fortalezca la vida de esta diócesis y la de toda la Iglesia de Dios. Pido ahora ser sentado en la silla que es el símbolo de mi oficio.

El Obispo es conducido a la cátedra. Mientras tanto, se toca música instrumental.

El deán, de pie, cerca de la cátedra, dice:

En nombre del cabildo de esta catedral y en nombre del pueblo de esta diócesis, yo te instalo, *N.*, en la silla designada para tu oficio. Que el Señor despierte en ti la llama de la santa caridad y el poder de la fe que vence al mundo. *Amén.*

El obispo se sienta y el pueblo le aclama y aplaude.

Se pueden tocar campanas y trompetas.

Mientras el obispo está de pie, se canta el Te Deum, el Gloria in excelsis u otro cántico apropiado.

Entonces el obispo dice al pueblo:

	El Señor sea con ustedes.
Pueblo	Y con tu espíritu.
Obispo	Oremos.

El obispo dice la colecta del día.

La liturgia continúa en la forma acostumbrada, con las lecciones y salmos correspondientes.

En la Plegaria Eucarística, al obispo, como Celebrante principal, se le unen los presbíteros de la catedral y otros sacerdotes, según el caso.

En lugar de la oración usual de poscomunión, un obispo o un presbítero dirige al pueblo en lo siguiente:

Padre todopoderoso, te damos gracias porque nos has nutrido con el santo alimento del Cuerpo y Sangre de tu Hijo, y nos unes, por medio de él, en la comunión de tu Santo Espíritu. Te damos gracias porque levantas entre nosotros siervos fieles para el ministerio de tu Palabra y Sacramentos. Te suplicamos que *N.* sea para nosotros un ejemplo eficaz en palabra y obra, en amor y paciencia, y en santidad de vida. Concede que, junto con *él*, te sirvamos ahora, y que siempre nos gocemos en tu gloria; por Jesucristo tu Hijo nuestro Señor, que vive y reina contigo y el Espíritu Santo, un solo Dios, ahora y por siempre. *Amén.*

El nuevo obispo bendice al pueblo, diciendo primero:

	Nuestro auxilio está en Nombre del Señor.
Pueblo	Que hizo el cielo y la tierra.
Obispo	Bendito sea el Nombre del Señor;
Pueblo	Desde ahora y para siempre.
Obispo	La bendición, la misericordia y la gracia de Dios omnipotente, el Padre, el Hijo y el Espíritu Santo, sean con ustedes, y permanezca con ustedes. *Amén.*

Un diácono despide al pueblo.

Rito para vocaciones especiales

Los cristianos que, respondiendo al llamamiento de Dios, deseen comprometerse a la vida religiosa, lo pueden hacer ofreciendo sus votos directamente al obispo de la diócesis.

El orden siguiente no tiene intención de sustituir las fórmulas usadas para admitir miembros a las comunidades religiosas.

Cuando haya intención de hacer profesión permanente, el proceso normal incluye tres etapas: El noviciado, los votos temporales o anuales, y la profesión permanente. En algunos casos los candidatos pueden optar por no seguir con los votos anuales.

El noviciado es un período de prueba. La admisión al noviciado normalmente se celebra en el Oficio Diario semanal, cuando se canta el himno o antífona que sigue a las colectas. El noviciado requiere la promesa de aceptar y cumplir una específica y aceptada regla de vida por un período de tiempo que el obispo prescriba.

Los votos temporales o anuales son hechos cuando se termine satisfactoriamente el período de prueba requerido. En esta ocasión, la persona hace los votos de pobreza, castidad y obediencia al obispo por un determinado período de tiempo. Esta etapa requiere aceptar la obligación de recitar una forma aprobada del Oficio Diario. El rito se efectúa durante la celebración de la Santa Eucaristía, inmediatamente después de la Oración de los Fieles y antes de la Paz. Se puede dar al novicio vestimentas especiales como signo de dedicación.

Los votos permanentes se hacen en celebración festiva de la Santa Eucaristía. En esta ocasión se pueden dar símbolos adicionales que indican dedicación.

El orden del rito es idéntico para las tres etapas.

1. Petición del candidato para ser admitido al estado correspondiente.
2. Sermón, homilía o plática dirigida al candidato.
3. Exámen del obispo que abriga al candidato en relación a la misma.
4. Promesas o votos correspondientes a la etapa de la profesión.
5. Oración o bendición apropiada que se agrega a ésta u otra fórmula similar.
6. Presentación de hábitos y otros símbolos de la vocación especial.

Salmos y lecciones propiados

Antiguo Testamento

Génesis 12:1-4a (4b-8) (El llamamiento de Abrahán)
1 Samuel 3:1-11 (El llamamiento de Samuel)
1 Reyes 19:16b, 19-21 (El llamamiento de Eliseo)

Salmos

23 (El Señor es mi pastor)

24:1-6 (7-10) ¿Quién subirá al monte del Señor?)

27:1-11 (12-18) (Tu rostro buscaré, oh Señor)

33:(1-11), 12-22 (El ojo del Señor está sobre los que le temen)

34:1-8 (9-22) (Bendeciré al Señor en todo tiempo)

40:1-12 (El hacer tu voluntad, Dios mío, me ha agradado)

63:1-12 (Oh Dios, tú eres mi Dios; ardientemente te busco)

100 (Sirvan al Señor con alegría)

Nuevo Testamento

Hechos 2:42-47 (La enseñanza y fraternidad de los apóstoles)

Hechos 4:32-35 (Tenían todas las cosas en común)

1 Corintios 1:22-32 (Dios escogió lo necio del mundo)

Filipenses 3:8-14 (Para ganar a Cristo)

Colosenses 3:12-17 (Vístanse de amor, que es el vínculo perfecto)

1 Juan 4:7-16 (El que permanece en amor, permanece en Dios)

El Evangelio

San Mateo 16:24-27 (Toma tu cruz, y sígueme)

San Mateo 19:3-12 (Eunucos por causa del reino de los cielos)

San Mateo 19:16-26 (Vende lo que posees y dáselo a los pobres)

San Juan 15:1-8 (Yo soy la vid, ustedes los pámpanos)

Oración por un novicio

Mira con favor, Dios todopoderoso, a est*e* tu sierv*o*, *N*., quien, respondiendo a la acción del Espíritu Santo, desea entregarte su vida en una vocación especial y está comprometiéndose para abrazar el triple sendero de la pobreza, la castidad y la obediencia. Concédele la fortaleza de tu gracia para perseverar en este empeño, y la guía del Espíritu para que encuentre su verdadera vocación. Y si es tu voluntad que continúe en este sendero, revélasel*o*, te lo pedimos, y en tiempo oportuno condúcel*o* a hacer los votos solemnes; por medio de Jesucristo nuestro Señor, que vive y reina contigo y el Espíritu Santo, un solo Dios, por los siglos de los siglos. *Amén.*

Dedicación de una persona que va a hacer votos temporales o anuales

Que Dios el Señor quien llamó a Abrahán para dejar su hogar y parentela y viajar a una tierra desconocida, y quien dirigió al pueblo de Israel por medio de la mano de Moisés su siervo a través del desierto a la tierra prometida: Te guíe en tu peregrinaje, y te conduzca por sendas seguras, por amor a su Nombre. *Amén.*

Que Dios Hijo, quien en su vida terrenal con frecuencia estuvo a solas pero nunca solitario porque el Padre estaba con él: Sea tu constante compañero en tus retiros del agitado mundo, y tu soporte y fortaleza cuando regreses a dar testimonio del amor y poder de Dios. *Amén.*

Que Dios Espíritu Santo, que nos ayuda en nuestras debilidades, e intercede por los santos de acuerdo con la voluntad del Padre: Te enseñe a orar como debes hacerlo; te fortalezca para lograr pureza de fe, santidad de vida y perfección en el amor, y te mantenga cada día estrechamente unido al Padre por medio del Hijo. *Amén.*

Y que Dios todopoderoso, la santa e indivisa Trinidad, Padre, Hijo y Espíritu Santo, guarde tu cuerpo, salve tu alma, y te lleve con seguridad a la mansión celestial, donde vive y reina por los siglos de los siglos. *Amén.*

Dedicación de una persona que va a hacer los votos permanentes

Bendito eres tú, oh Señor Dios nuestro, por tu gran amor al enviar al mundo a tu Hijo unigénito, quien por nosotros y por nuestra salvación, se anonadó a sí mismo de su divino estado, y abrazó una vida separada del consuelo familiar, no teniendo siquiera dónde reclinar su cabeza. También bendecimos tu Nombre porque en toda época y lugar has llamado a hombres y mujeres a imitar a su Señor, llenándoles de celo por tu reino y tu justicia por encima de toda consideración mundana, el amor a tus pequeñuelos sobre todas las exigencias de la carne y de la sangre, y obediencia a tu voluntad en vez de ambiciones personales.

Acepta, te suplicamos, la profesión permanente de *N.*, tu siervo, quien, siguiendo el ejemplo del Señor Jesús, de Ana la profetisa, del santo Simeón, de la dama Juliana y Nicolás Farrar [de _______], y de tus inumerables santos, ahora se ofrece a sí mismo a tu servicio en una vida de pobreza, castidad y obediencia. Concede que tu Espíritu Santo more en *él* abundantemente, dándole firmeza de propósito, santificándole plenamente, y guiándole por las sendas seguras de servicio y de testimonio, para honra y gloria de tu grandioso Nombre; por medio de Jesucristo nuestro Señor, que contigo y el Espíritu Santo vive y reina, un solo Dios, ahora y por siempre. *Amén.*